智汇安泰

交大安泰智库经管评论集

上海交通大学安泰经济与管理学院 编

文匯出版社

图书在版编目（CIP）数据

智汇安泰：交大安泰智库经管评论集 / 上海交通大学安泰经济与管理学院编. —上海：文汇出版社，2016.12

ISBN 978-7-5496-1936-8

Ⅰ. ①智… Ⅱ. ①上… Ⅲ. ①社会科学－文集 Ⅳ. ①C53

中国版本图书馆CIP数据核字（2016）第290662号

智汇安泰

——交大安泰智库经管评论集

出 版 人 / 桂国强

作　　者 / 上海交通大学安泰经济与管理学院
责任编辑 / 乐渭琦

出版发行 / 文匯出版社
上海市威海路755号
（邮政编码200041）
经　　销 / 全国新华书店
排　　版 / 逗句设计
印刷装订 / 启东市人民印刷有限公司
版　　次 / 2016年12月第1版
印　　次 / 2016年12月第1次印刷
开　　本 / 787×1092　1/16
字　　数 / 300千
印　　张 / 16.5

ISBN 978-7-5496-1936-8
定　　价 / 58.00元

编审委员会

前言

2016年，有两件事彻底推翻了大家对这个世界的认知：第一件是6月底的英国脱欧公投，第二件是11月初的美国总统选举。大众纷纷感叹：黑天鹅事件屡次发生，这真是一个充满不确定性的世界。其实，这两件事并非“黑天鹅”，真相一直存在，只是调研的样本、统计的方法及大众的心理导致受调查者的回答“撒了谎”。

的确，世界正逐渐变得越来越复杂，在这个充满不确定性的世界，拥有处理信息、分析形势，抓住问题核心要素的智慧才是恒久不变的。因此，如果这本书恰好到达了您的手中，也意味着您即将感受到它非凡的意义。这并不是一本学术论文集，而是学院的老师们跳脱象牙塔的话语体系，用自己严谨的思维对时事热点、社会转型、人文民生等领域进行思考和评论。我们希望这些基于经济、管理乃至更广阔领域的感悟，可以让更多关注中国经济发展和社会变革的人士听到来自安泰学者的声音，也因此激发更多人的共鸣和思考。

大学是社会的重要有机组成，商学院教育是中国经济发展和变革的重要支撑，安泰经济与管理学院作为大学的一个单元，也发挥着义不容辞的重要作用。我们不仅需要培养一流的人才，也要创造具有中国智慧的经济管理思想，在全球的经管学术研究和案例实践中做出表率。当代中国的商学院教育走过了二十多个年头，取得的成就和进步有目共睹。我所在的学院——交大安泰，也在各位同事不懈的努力下，站上了许多新高度。目前，中国有280家左右的商学院，交大安泰是最早参加并率先获得国际顶级认证的商学院，在权威媒体——英国《金融时报》全球排名中，学院的管理学硕士、MBA、EMBA、高管教育项目全部跻身全球前40强。这些数字只是一个直观的印象，便于大众了解中国商学院在全球发展的态势。

交大安泰何以取得如此瞩目的成就？最核心的大脑，就是我们的教授，他们共同组成了“安泰智库”。我们为拥有这样一支高水平的教师队伍而自豪，他们在教室的一隅天地中孜孜不倦地传播知识，在书桌前夜以继日地从事理论研究，在社会重大事件发生时大声疾呼公正道义。这就是我们的教授，不限于自己的研究专业，用交大所特有的专业务实、人文关怀和批判精神来观察、思考周遭的世界，并用自己的智慧来影响我们所处的社会。

呈现在大家面前的文章，大部分来自老师们在媒体上的专栏文章精选，也有一部分是基于本书的策划约稿，从中我们不仅可以看到教授们对于社会民生、经济发展、管理知识、时代转型、创新改革等话题的深度思考和建言献策，也可以感受到他们“铁肩担道义，妙手著文章”的情怀与投身变革前沿的责任和热情。

一直以来，我都坚持“顶天立地”的办学理念，“天”即是学术研究，能与国际顶尖学者对话交流；“地”则是与中国管理实践相结合。中国商学院的发展和中国经济的发展息息相关，我们要真正培养推动中国经济发展、影响中国社会进步的领袖人物。很高兴可以将这本《智汇安泰》呈现给大家，与大家分享在中国变革转型与升级中，我们如何关注全球趋势，创造中国智识，讲述中国故事。

交大安泰经管学院院长、教授 周林

2016年12月于交大徐汇校区

目 录

CONTENTS

第一篇　民生诉求的趋利探寻

第二篇　经济发展的联动趋势

第三篇　管理层面的艺术解读

第四篇　互联网+的时代转型

第五篇　金融秩序的重构契机

第六篇　品牌梦想的探求路径

第七篇　创新改革的突破思维

第一篇

民生诉求的趋利探寻

为留守儿童及其父母说几句话

□陆　铭/上海交通大学安泰经济与管理学院经济系特聘教授

我这里所说的，不是“代言”的意思，我没那个资格。但是看到一些混淆视听的文件和文章，我觉得还是有必要说几句。

讨论留守儿童问题时，要先从政策和制度的背景来理清留守儿童问题产生的根本原因。中国的留守儿童问题，并非源于农民工比别人不爱子女，而是因为一方面人口流入地需要农民工来就业，以增强经济发展的动力；另一方面，公共服务却未能做到均等化。

国务院《关于加强农村留守儿童关爱保护工作的意见》第五条中提及，要“从源头上逐步减少儿童留守现象”，首先是“为农民工家庭提供更多帮扶支

* 原文发表于2016年3月1日《东方早报》上海经济评论B14版。

持。各地要大力推进农民工市民化，为其监护照料未成年子女创造更好条件。符合落户条件的要有序推进其本人及家属落户。符合住房保障条件的要纳入保障范围，通过实物配租公共租赁住房或发放租赁补贴等方式，满足其家庭的基本居住需求。不符合上述条件的，要在生活居住、日间照料、义务教育、医疗卫生等方面提供帮助。倡导用工单位、社会组织和专业社会工作者、志愿者队伍等社会力量，为其照料未成年子女提供便利条件和更多帮助。公办义务教育学校要普遍对农民工未成年子女开放，要通过政府购买服务等方式支持农民工未成年子女接受义务教育；完善和落实符合条件的农民工子女在输入地参加中考、高考政策"。在逻辑上，这条内容应该是第一条，以体现政府的担当。放在第五条，容易让人把问题仅仅归结为农民工家庭自身的责任。

全世界的普遍做法是将公共服务的均等化覆盖到常住人口。道理非常简单，常住就业人口是为本地经济和社会发展作出贡献的，那就应该对等地享受基本公共服务，而最为重要的基本服务之一，就是子女教育。即便是对于外国移民，如果你不需要他，可以不给他发工作签证，而如果你给他发了工作签证，就说明你需要他。既然你需要他，那就应该为他提供基本公共服务，而这当中自然也包括子女教育。

换句话说，在讨论留守儿童问题的时候，先不要说父母的选择导致了什么样的问题，而应该先讨论父母的选择是在什么样的制度和政策背景下作出的。如果要真正解决问题，就要先从构建制度和完善政策角度入手。先看看如果公共服务能够覆盖常住人口，现有的问题能解决多少，然后再来讨论其他问题，不能本末倒置。

人口的城市化和向大城市的集中，是全世界的普遍规律。因此，解决农村留守儿童问题的根本出路，是让他们在父母就业地生活，并且享受基本的公共服务（包括教育）。其他的政策，包括鼓励农民工返乡，农村对留守儿童的监测、托底和关爱，都仅仅是在现有留守儿童问题难以在一夜之间立即解决的背景之下制订出的救急政策，而非根本出路。即使在现有的制度下，真正在农村既无父母照看、又无亲友托管的独居儿童数量，也只占全部留守儿童数量一个很小的比例。也就是说，如果留守儿童独居，就可以取消其父母的监护权，寄希望于此来解决问题是舍本逐末。

我要说的第二个观点是，解决留守儿童问题应该从财政制度出发，来设计合理的激励机制。中国是一个大国，大国面临的问题是大规模的人口跨地区流动。在这样的背景之下，人口流出地不愿意为孩子教育增加投入，是因为这些孩子长大之后可能会流动到其他地方，而不能给家乡带来经济发展的长期利益；而人口流入地又不愿意接纳外地人，为他们增加公共服务投入。在过渡期，解决问题的一个现实方案是，对于流动人口及其子女的教育，需要由中央政府来出面协调，承担相应的财政支出责任。也就是说，中央政府必须在两头增加对于流动人口子女的教育财政支出。一方面，在人口流出地（特别是农村），增加对于农村儿童（特别是针对留守儿童的）的财政支出；另一方面，对于外来人口市民化进程中产生的公共服务需求，特别是教育财政支出的增量部分，应该在中央财政中有配套的支出。同时，随着流动人口规模的增加，应设计相应的机制，让中央向地方的教育财政转移可以随着流动人口携带到人口流入地，用这样的激励机制来推进外来人口市民化的进程。

我必须强调，中央财政出钱促进农民工市民化的制度安排仅仅是一个过渡性的方案，从长远来说，中央政府的职责主要是克服跨地区的外部性，加强对于人口流出地的教育财政投入。而在人口流入地，更为合理的制度安排，就是常住就业人口在就业地作出贡献，同时对等地享受基本公共服务。对于强调人口流入地公共服务资源有限的人们，我有两个建议：第一，请注意公共服务的资源总量是可以增加的，其来源是经济增长，而经济增长本身就包括了外来人口的贡献；第二，即使是在北京和上海这样的城市，常住人口的总量在增长，而中小学在校学生数量却是低于历史峰值的，这更说明，教育资源的总量并非不能增加。

留守儿童问题非常复杂，但复杂的问题往往需要简单思维。即在发达国家出现过的现象，基本上都有规律可循，比如城市化、人口向大城市集中、农村住宅逐渐荒废等等。如果一个现象只在中国出现，那么，这首先一定是制度和政策导致的。如果不改变制度和政策，而把发达国家出现的正常现象当成问题去解决，结果只会适得其反。

概括地总结起来有三点：

第一，让我们以“尊重城市发展规律”为前提，先从完善制度和政策入手，强调各级政府应该承担的责任。政府的文件和政策认识到了留守儿童问题的源头，值得点赞。接下来，如果在认识和行动上分清主次，成果就更值得期待。

第二，对于中国这样一个大国，在其快速城市化和大规模人口流动中出现的各种难题，凡是涉及中央与地方之间关系、地方与地方之间关系的，政府应考虑从财政制度出发，建立对于地方政府的激励机制，作为从源头上解决问题的手段之一。

第三，这是对广大爱心人士来讲的。强调爱心是好事，但如果简单地将留守儿童问题归因于农民工父母不理性、没有爱心，恐怕就说不过去了。我还是那句话，在发达国家没有出现的问题，在中国出现了，如果要找原因，应先问问是什么样的制度和政策让人们作出了目前的选择。

在思考别人的问题的时候，先不要占据道德的制高点，去指责别人。先想一想，如果自己是打工的父母，会作出怎样的选择？即使农民工返乡真的能带来家庭团聚，那么，如果返乡的结果是家庭收入下降，这个损失由谁来补？如果返乡的结果是导致城市里更多的工作岗位无人去做，又该怎么办？

在过去十多年当中，中国政府对于农村的投入（包括义务教育的投入）已经非常多，但是仍然不能解决问题。很多农村地区并不缺校舍，但家长还是尽量把孩子送到城里读书，那是为什么？因为经济发展和公共服务的提供都有规模经济效应，对人口流出地的补贴政策更多是出于公平性，却不是解决问题的根本出路。

“消费风险分担”与居民消费增长

□ 何振宇/上海交通大学安泰经济与管理学院经济系副教授
王彦皓/上海交通大学安泰经济与管理学院硕士研究生

细数全国各省市2015年经济数据，GDP总量迈入“万亿俱乐部”的共25地，GDP增速超7%的共23地。与此同时，辽宁却以3%的增速垫底，创下二十三年以来的新低。面对经济新常态下的国内外复杂形势和不利冲击，我国经济整体保持平稳运行态势。然而在个别省市，经济发展状况表现出较大程度的分化（这种现象在2014年就已显现），其原因值得深入研究。

根据国家统计局数据，我国2014年国内生产总值为63.6万亿元，较2013年实际增长7.3%；人均GDP达到46507.49元，较2013年实际增长6.7%。有意思的是，2014年陕西省全年地区生产总值较2013年实际增长9.7%，人均GDP实际增长9.4%，均明显优于全国平均水平；但邻近陕西省的山西省，经济增速却相形见绌，2014年的实际地区生产总值仅比上一年增加4.9%，人均GDP

* 原文发表于2016年3月18日《文汇报》文汇学人·论衡版。

增速也只有4.4%。

可以想象，随着经济增速的波动，上述两省的居民都面临着收入增速的不确定性。尤其是在经济减速的地区，居民更容易受到收入增速下滑的约束，难以保持消费水平的平稳增长。实际上，陕西、山西两省居民的消费增速和他们的收入增速一样，与全国平均水平都有程度不等的偏离。2014年，陕西省居民消费实际增速为13.1%，人均消费增速为12.8%，但在山西省，这两个数字分别只有8.6%和8.1%。经济学上把收入增速对消费增速的影响称之为消费风险。

是否存在一种机制可以规避地区之间的消费风险，避免消费增长的大起大落呢？

一种直观的办法是通过地区之间的经济交换，实现消费风险的分担。再以陕西和山西两省为例，如果山西省相对亟需资金的居民可以从陕西省相对富余的居民手中借得资金，则可以弥补其收入缺口，分担其消费风险，两省居民的消费水平也都能以一种稳定的速度增长，整体福利得到提高。同理，将两省之间的消费风险分担推广到多个地区之间，通过相互的风险分担，特定地区的消费风险可以被对冲，如此来帮助各地区之间消费增长保持大致稳定。

经济学理论认为，消费风险分担最理想的情况是各地区的消费增速与其产出增速完全不相关，这也被称为“完全风险分担”。在完全风险分担下，纵使各地区居民产出增长不同，但各地区居民消费增长保持同步。然而大量的实证研究表明，完全的消费风险分担几乎不存在于现实经济运行中。美国、加拿大、英国、德国和日本等发达国家的国内跨地区消费风险分担水平介于75%-90%之间。现任亚洲开发银行首席经济学家魏尚进与合作者首先关注中国各省区之间的消费风险分担，他们指出中国各省区之间的消费风险分担程度达到84%。笔者在2010年发表于国际学术期刊《世界发展》中的文章《经济波动与福利：来自中国的证据》一文中指出，如果在研究中考虑储蓄与借贷对稳定消费的作用的话，那么中国各省之间的消费风险的分担程度仅有32%，完全消除中国各省之间的消费风险相当于要提高约10%的消费水平。尽管对消费风险分担水平的估计结果可能因模型的设计不同而不同，但总体而言，中国各地区之间的消费风险分担和发达国家相比，仍停留在较低水平。

那么，消费风险分担可以通过什么方式来实现呢？经济学有关文献提出了三种最重要的渠道：财政转移支付、资本市场及信贷市场。

财政转移支付渠道：主要是指中央对地方财政资金的划拨和调配，中央政府在这一非市场化的渠道中充当社会计划者的角色。比较两个经济形势不同的地区，经济发展的地区政府税收增长平稳，财政收支健康，但经济衰退地区的财政则可能捉襟见肘，制约财政政策发挥空间。此时，中央政府可将经济增长地区所上缴的富余财政资金，按照均等化的原则转移给经济衰退地区的地方政府，再通过对家庭部门的社会保险和救助，或对企业部门的税收减免和补助，降低居民消费的波动。在我国，财政转移支付可分为一般性转移支付和专项转移支付，这两者都服务于中央政府对各地区经济发展的宏观调控。

资本市场渠道：居民可通过持有不同地区的企业股权或债权，获取股利或债息收入，对冲自身的收入波动，这一渠道主要通过资本市场实现。以陕西和山西两省的状况为例，设想某山西家庭A在2014年初通过股票市场买入了一只主营业务在陕西的股票，如陕西煤业。当年的7月11日，该上市公司向所有普通股股东分红0.12元/股（该股票年初与分红时股价均为5元/股），这一分红可以在一定程度上弥补山西经济不景气对家庭A收入造成的负面影响。类似的，如设想某山西企业B兼并收购了某陕西企业C或购买了企业C发行的债券，尽管企业B的盈利可能受地区性的经济下滑拖累而减少，但企业C却表现不俗，跑赢同行。此时，企业B可以分享企业C的收益，从而达到平稳自身盈利的目的。

信贷市场渠道：居民可以通过信贷市场借来不同地区的资金，以补充自身的流动性，商业银行的跨地区经营促成了这一跨地区的资金流动。具体来说，收入增速较快地区的居民会出于稳定消费的动机，将富余的收入存入银行等金融机构，并在一定期限后获得本息。而收入增速较慢的居民为了保证当期的消费不受影响，则要向金融机构申请信用或抵押贷款。再拿陕西、山西两省打一个通俗的比方：某陕西家庭D在中国银行中存入一笔资金，这笔资金可能通过层层渠道，最后以贷款的形式借给了某山西家庭E。尽管两个家庭互不认识，但多亏了这笔来自中国银行的借贷，山西家庭E得以在陕西家庭D的帮助下实现消费风险的分散。这个例子尽管是现实中抽象的复杂资金流，但却表明了信贷市场在消费风险分担中的重要作用。

现有研究发现，在美国、加拿大、英国、德国和日本等发达国家，大部分的消费风险是被资本市场和信贷市场所分担的。但是，在现有的经济学文献中发现：在中国，资本市场和信贷市场对提高跨地区间的消费风险分担水平并没有显著作用。联系我国实际，资本市场波动性大，对居民的专业要求较高，而且我国资本市场发展仍不十分完善；信贷市场则由于其门槛低、覆盖面较广，成为居民消费风险分担过程中最为依赖的渠道。如此看来，如何让中国的信贷市场可以在跨地区的消费风险分担过程中发挥更大的作用，对改变我国消费风险分担水平相对较低的局面有重要的意义。

有什么办法能够使中国的信贷市场在跨地区的消费风险分担过程中发挥更大的作用?

理论与实证研究发现，提高居民对信贷市场的参与度，比如鼓励居民使用银行服务，有助于化解消费风险。其实，近年政府出台的政策在发挥其既定作用的同时，也可以帮助到地区的消费风险分担。比如：第一，银监会于2007年下发了《关于允许股份制商业银行在县域设立分支机构有关事项的通知》，通知允许股份制商业银行在商业可持续的原则下，在县域设立分支机构。这一放宽我国银行业市场准入的举措，有助于缩小金融发展的地区不平等，县域及以下的居民将更有可能接触到正规的金融部门。第二，在2013年11月十八届三中全会上，“发展普惠金融”被写进《中共中央关于全面深化改革若干重大问题的决定》。欠发达地区居民和低收入阶层是最容易受消费波动牵连的人群，以小额信贷、农村金融等为代表的普惠金融，以可负担的成本将金融服务推广给更广泛的受众，提高金融服务对他们的可获得性，有利于处于弱势地位的居民更好地抵御收入冲击。而在2015年7月4日，国务院发布了《关于积极推进“互联网+”行动的指导意见》。《意见》第五条“‘互联网+’普惠金融”鼓励金融机构利用互联网拓宽服务覆盖面，特别支持银行业金融机构借助互联网技术发展消费信贷业务。可以预期，《意见》将有效地促进金融服务走进千家万户，提高金融服务的深度和广度，从而有利于我国居民消费风险的分担。

公立医院“一号难求”怎么破

□黄　丞/上海交通大学安泰经济与管理学院金融系副教授

医改多年，取得了不少成效，但“倒三角”的医疗资源配置结构依然没有改变，以医疗和医院为中心而非以健康和预防为中心的局面依然没有改变，各级各类医疗机构不能发挥各自的比较优势，医改效果不能彰显，表现为医患矛盾突出，公立医院“一号难求”。如何借助“健康中国”国家战略和“健康中国2030”规划纲要的东风，以习近平总书记在全国卫生和健康大会上的讲话精神为契机，“坚持预防为主，推行健康文明的生活方式，营造绿色安全的健康环境，减少疾病发生。要调整优化健康服务体系，强化早诊断、早治疗、早康复，坚持保基本、强基层、建机制，更好满足人民群众健康需求”，让更多的疾病没有机会发生或能及时被消灭在萌芽中，让更多的患者能被分流到更具有成本效益的基层医疗机构求诊问药，是破解公立医院乱象丛生、“一

* 原文发表于2016年10月18日《东方早报》B14版。

号难求”的必经之路。强化基层医疗机构、基层医疗服务的功能是至要。

一、优质医疗资源紧缺、公立医院“一号难求”非强化基层医疗无以破解

自1998年传统医改方案颁布实施以来，各地进行了多种探索，而2009年开始的新医改更是实现了自2011年以来基本医疗保险95%以上的覆盖率。国家统计局信息显示，2015年末中国大陆65周岁及以上人口为14386万人，占总人口的10.5%，城镇人口占总人口比重为56.1%。《2013年中国居民健康素养监测报告》显示，城乡健康素养水平仍很低且迥异，分别为13.8%和6.92%；东部与中西部迥异，分别为12.81%、7.10%和6.93%。城乡居民的健康结果也存在明显差异，特别是心血管、肿瘤等疾病导致的死亡率，农村高于城市，且慢性病占到了中国 77% 的健康生命年损失，而其导致的死亡人数已占到全国总死亡人数的86.6%，疾病负担占总疾病负担的70%。

“由于工业化、城镇化、人口老龄化，以及疾病谱、生态环境、生活方式的不断变化，我国仍然面临多重疾病威胁并存、多种健康影响因素交织的复杂局面”，政府早已明确提出把基本医疗卫生制度作为公共产品向全民提供的核心理念，“健康中国”国家战略和习近平总书记在全国卫生和健康大会上再次强调：“没有全民健康，就没有全面小康。要把人民健康放在优先发展的战略地位，以普及健康生活、优化健康服务、完善健康保障、建设健康环境、发展健康产业为重点。”

作为典型的“未富先老”、城乡发展不平衡、地域发展不平衡、全民基本医疗全覆盖的发展中大国，日益严峻的老龄化问题、城乡居民健康素养的显著地域差距及慢性病救治的经济负担等，导致医疗资源约束巨大，以医疗为中心、以医院为中心的发展之路昂贵低效，不可持续，唯有靠强化基层医疗，狠抓公共卫生，尤其是倡导健康的生活方式、预防为主理念的贯彻落实，搞好健康教育和促进，搞好慢性病的针对性干预和防治结合，搞好基层医疗服务和医院分流分工、优势互补高效提供来解决。

二、“倒三角”医疗资源错配格局只有通过强化基层医疗的根基地位来拨乱反正

新医改已历经七年有余，全国公立医院门诊数量增长率仍居高不下。2010-2014 年，医院诊疗人次数占医疗卫生机构总诊疗人次数比重从 34.9% 上升到 39.1%，而基层医疗卫生机构比重却由 61.9% 降至 57.4%（WBG，WHO等，《深化中国医药卫生体制改革，建设基于价值的优质服务提供体系》，2016）。这表明“保基本、强基层、建机制”的新医改基本原则，尚未有效落地。我国大中城市集中了大量医疗优质资源，公立医院又占据了其大部分，“高端医院人满为患，社区医院门可罗雀”的状况仍未改变，公立医院“一号难求”的局面日趋严峻，结构性“看病难、看病贵”的窘境等仍未明显缓解。

何至于此？原因如下：

基层医疗机构提供的基层医疗难以赢得患者或民众的信赖，实际上是基层医疗机构的医生总体资质难以赢得患者的认同和信赖。“学历低、患者少”，致使基层医疗机构的医生诊疗经验缺乏，医、技的训练和打造无法形成良性循环。

患者无力筛选合适的医疗机构和医生，无力判断医疗服务质量，想当然地选择公立医院，确信公立医院是高质量的标志。我国长期以来过度强调公民或患者的“自由择医权”，使“小病大治”成为普遍现象，由此导致那些本来真正需要公立医院高端（专科级）医疗服务的大病、重病患者，由于本已极其稀缺的医疗资源被并非真正需要者所占有，竟致不可得。

同时，因“看门人”制度缺失，患者在不同等级公立医院的共付率差别不大，选择高等级公立医院是必然结果，进而造成高等级公立医院人满为患。

公立医院因为补偿机制不到位，欢迎甚至诱导大小病患者前来就诊。因政府投入不足，为了生存和发展，公立医院可利用医疗专业信息和行政垄断的终端服务特权地位，扩张医生手中的“笔”的力量，通过大处方、大检查、贵耗

材等交叉补贴，即使对于小毛小病通过“以药养医”“以检查养医”等仍可攫取可观的收益。

基层医疗机构的根基不牢，无法有效提供基层医疗服务，公立医院大小病通吃，不可避免地造成危机四伏：

对公立医院而言，从表象上看生意格外兴隆，“大小病通吃”，然而众多的专家忙乱于一些常见病的诊治，对每个患者诊治的平均时间就会极其短暂，难以全面细致地进行诊疗，特别是对于一些疑难杂症，更没有精力去深化学习、刻苦钻研，导致专业技术荒疏。对未来医疗技术的难关攻克失去长期的积淀和能量储备，无力打造和发挥自身的比较优势，将进一步弱化自己的核心竞争力。从长期来看，对医院绩效的提高和市场竞争力的增强极为不利。

医保基金无谓流失，所得非愿。由于医疗专业能力和人力限制等原因，医保机构未能制定出高效利用基层医疗的“看门人”或有效分流患者的支付约束激励机制，导致患者盲目就诊，造成医疗资源错配，加剧了整个医疗服务提供体系的公立医院“微观短期高效”而“宏观长期低效”运作模式的不良后果，造成基金流失和低效运作，无法有效保障患者的医疗权益和健康需求。

患者过度自由的“择医权”促成“个人理性导致的集体非理性”局面，“全民上协和”导致患者看专家难，看专科难，看名专家、名专科更难。“大炮打蚊子”，物非所值。平时过度的“自由”换来的是急需时的“不自由”或无奈。

公立医院和基层医疗机构的资源错配，造成两败俱伤，与提升全体国民的健康保障水平的目的背道而驰。

理论界和业界一致认为，基层医疗机构若能分流患者，尤其是能够提供预防保健，让小病、常见病、慢性病等能在相对低端适宜的技术水平上得到救治，不仅使医疗卫生费用总体上大幅下降，也会使经济和财政负担总体上有效减轻。

纵观国际医疗服务提供的各种模式，无一例外的是注重利用基层医疗服务，医保支付注重让每位患者具有个人的责任意识（起付线、共付率），适度的“自由约束”，而非无限制地自由选用任何一类医疗机构和资源。发达国家如英国、加拿大，表现为对医生、医院绝对数量的适度控制，“看门人”制度下必须的转诊机制能够筛选出“真正需要高等级或专科医疗服务”的患者，将稀缺的高端医疗资源给予真正需要的患者。

三、破解公立医院“一号难求”的对策

公立医院医疗服务“一号难求”结构性的看病难（看专家难等），凸显了医疗卫生服务提供体系低效、浪费的严重性。破解之策就在于强化基层医疗服务提供，使之不仅“能”，而且能被“用”。

“健康中国”国家战略的实现，必须靠促成医疗卫生工作重心下移和资源下沉来实现。

近期的家庭医生、分级诊疗，甚至医疗联合体等制度，都意在更好地促成医疗服务提供各方分工协作，各自发挥自身比较优势；更好地配置医疗资源和更有效地强化基层医疗的利用，减少患病概率，进而减少对高端医疗服务的需求，包括校正高端稀缺资源的错配和无谓浪费，回归各医疗机构的原有职责和功能发挥。

具体对策如下：

1.“能”：只有抓好了医疗服务提供体系的基层医疗的提供能力——使之“能”提供到位的服务（倘若不“能”，则病患根本不愿前往），培养患者信得过、薪酬待遇合理的基层医疗机构服务人才（体系）。

2.“赶”：医疗保险支付制度要做出显性规定，逐步实行不经转诊就径赴公立医院求医问药必须由个人自付显著高额医疗费用的方式。把大量的本不该流入但却错误地流入到更高一个等级医疗机构的病患，“赶”回到基层医疗机构去求医问药。

3.“逼”：适度限制患者既有的过度自由的“择医权”，推行有约束的基层医疗机构首诊制。在政府投入、政策优惠、分级补贴方面，形成公立医院如果不审核病患来源——即所接待患者并非来自于转诊渠道，则要么其服务所产生的费用不能被医保基金补偿，要么就只能靠患者自掏腰包来补偿，以调动公

立医院作为高端医疗服务提供方“限收”“拒收”不合自身功能定位的病患的内在主动性、积极性。

4.“教”：从大健康、大卫生的理念出发，政府加大强化基层医疗的预防为主、健康教育和促进信息平台建设，教育医务工作者在互联网+时代如何创新完成独特而又全面的健康教育和促进职能，担当好问诊、分诊和转诊的角色，“有为”才能“有位”；加大对社会大众（患者）的宣传教育力度，教育引导患者增强对基层医疗功能的认知和信心，让其愿意并乐意去基层医疗机构解决自己的健康难题，逐步改变患者“一有病就直奔高等级医疗机构求医问诊”的就医习惯。

通过以上诸方“合力”，充分调动利益相关者各方更好地关注人群健康，充分利用基层医疗服务和恰当运用公立医院高等级医疗服务，让患者理性而合理地消费，形成患者梯度上移、医务工作者梯度下移的医疗服务提供与消费格局，基层医疗得以强化发展和充分被利用，大量原本错配的患者从公立医院被有效分流，公立医院不再“一号难求”，民众健康方能得以有效保障，“健康中国”的国家战略愿景才能真正实现。

如何给公共交通定票价

□ 徐丽群/上海交通大学安泰经济与管理学院运营管理系教授

中国政府制定了若干公共交通优先发展政策，其中最重要的政策之一是低票价政策。低票价政策的实施导致票价严重背离市场价值，而公交企业部分运营成本是完全市场化的，这种矛盾导致公共交通企业靠自身能力无法持续经营，必须由政府财政补贴。

从调研城市的情况和现有资料看，低票价政策的实施增加了政府成本，其中最显著的成本增加就是对运营商和社会公众的财政补贴。近几年来，政府在城市公共交通基础设施建设方面投入的力度较大；同时，补贴运营商的运营资金不断升高，城市政府财政压力普遍增大。在这种情况下，许多城市运营商财政补贴资金难以得到同步保障，因此服务水平改善困难，严重影响城市公共交通优先发展的可持续性。以北京财政补贴为例，公交财政补贴占当年财政收入

---

* 原文发表于2015年5月26日《东方早报·上海经济评论》。

的比例呈现逐年上升态势，2013年北京地方公共财政预算收入完成3661.1亿元，公交补贴约占当年财政收入的4.92%。2007-2013年间，北京政府投入公共交通的财政补贴资金约为958.6亿元，数额逐年增加，与此同时，公交票价却多年不变，政府财政面临巨大压力。

公交行业是劳动力密集型行业，随着劳动力成本的逐年递增，行业运营成本随之上升。城市政府通常通过测算公交企业运营成本来进行财政补贴，即企业运营成本决定政府财政补贴额度。2008-2012年，深圳市对公交行业运营补贴总额中，成本规制补贴平均达到45%以上，而且在2011年和2012年两年，成本规制补贴超过53%。全国其他城市与深圳市一样，公交行业成本上升趋势明显。在政府财政补贴资金有限的情况下，运营商运营收入普遍下降。造成公交行业成本高的另外一个不可忽略的因素是行业效率较低。调研城市中，有一半城市只有一家国有垄断公共交通企业，公交市场缺乏竞争环境，企业运营效率低。调研城市的多家公交企业都反映企业处于维持运营的状态，企业生存和发展需要政府的财政补贴和一定的政策支持。

行业运营成本逐年增加和政府财政补贴资金的短缺，直接导致了公交司机的严重缺乏。20世纪80年代以前，公共交通行业平均工资水平较高，司机待遇好，行业吸引力高。然而，现在相比许多行业，公交行业平均工资水平不高，但司机工作强度大、压力大，职业病高发，导致全国范围内司机和公共汽车修理工严重缺乏，人车比指标远远达不到国家规定的标准。目前，不仅找司机困难，企业留住司机也困难，加上司机培训周期长、成本高，因此许多城市司机退休的年龄延后，也给行车安全带来极大的隐患。

而在发达国家的一些城市，公共交通出行有非常高的吸引力，并且公共交通票价也没有完全市场化，但这些城市普遍都建有一套科学的动态票价调节机制，形成公交票价与物价、工资水平和政府财政承受能力相关的联动机制。公交票价动态调节机制的建立，不仅能够保障公交服务质量和市民可承受度，还能保障运营商的长期经济利益和政府财政补贴政策的可持续。伦敦的公交票价每年都随着物价上涨而进行不同程度的调整，如从2009-2014年，地铁票价每年涨幅在4%-5%；新加坡为了确保运营商的运营收入大于运营成本，坚持票价必须反映现实，根据运营成本增长情况进行公交票价调整……发达国家城市发展公共交通的经验表明，通过票价调整能够很好地减轻政府财政压力，同时也能够提高运营商改善服务水平的积极性，使城市公共交通发展处于良性循环状态。

完全市场化的产品市场定价策略是价格中包含成本和利润，但是公共交通产品具有准公共物品特性，其产品定价（即票价）有别于市场化产品。通常情况下，公共交通票价收益只能覆盖部分运营成本，如英国的票价收入只占运营总成本的50%左右。因此，中国城市公交票价制定应采取在基础票价基础上，定期进行调节的原则，即“新票价=基础票价+调节幅度”。中国大部分城市政府管理部门每年都会根据对公共交通运营商运营成本的核算进行财政补贴，票价调节亦可同步实施。基础票价是目前城市正在实行的票价，在此基础上，根据运营商每年产生的运营成本，综合考虑政府财政承受能力和公众出行成本，确立票价调整幅度。

公交票价动态调节机制的基本原理是：物价上涨和劳动力成本上升导致运营商运营成本增加，加大了政府财政补贴支出；政府在综合考虑社会民生工程的财政投入后，评估政府对公交补贴的财政承受能力，如果政府财政压力过大，则考虑通过票价调整缓解财政压力。在票价调整过程中，还要增加公平性评估，主要对低收入群体的公交出行影响进行评估。在公平性评估基础上，政府发布公交票价调整方案；在新票价执行过程中，仍需对票价方案进行评价。票价方案执行的评价内容主要包括公众出行成本和运营商服务水平等方面，评价结果为下一轮票价调整提供参考。

公交票价公平性原则强调成本合理分摊，即人们使用公共交通服务，应该分摊提供服务的部分成本，而且应该支付部分财富购买公共交通服务。虽然城市居民收入不断增加，但由于票价长期不变，公共交通运营成本的增加主要由政府财政负担，这种现象违背了票价公平性的原则，政府只有自利才能更好地实现公共利益。2014年12月28日北京地铁票价调整方案实行，地铁起步价为3元，相比之前的2元票价，调整幅度为50%。单纯从调整幅度看，50%的幅度还是比较大的，容易引发公平性问题。建立公共交通票价动态调节机制，逐年调整公交票价，使票价上升趋势缓慢，且每年增加额度与职工工资水平增加相关，如果工资不涨，票价也会保持不变，这样社会公众无论从心理上还是经济上都更容易接受。

票价问题是城市公共交通优先发展的核心问题和敏感问题，低票价固然能够减轻社会公众的出行成本，却使城市政府财政压力增大，运营商自我服务改善能力下降。从公平理论角度看，票价动态调节机制的建立更有利于增加政府、运营商和公众的公平感，能够更好地降低政府成本和改善公共交通服务水平。

学者如何参与公共政策讨论

□ 黄少卿/上海交通大学安泰经济与管理学院应用经济系副教授

最近几年来，有关公共政策的舆论变得越来越多、越来越热烈，一方面现在是一个公共政策需求爆发的节点；另一方面，也反映出在中国，市民社会正在不断成长。

从第一个方面看，当前及未来的经济社会发展都需要公共服务发挥更大的作用。根据以往的经验，世界其他经济体发展到类似阶段时，也都面临政府提供的公共服务需要发挥更大作用的问题。各国在发展过程中，都会经历一个政府规模不断扩大的阶段。这一现象很早就被德国财政学家瓦格纳观察到，人们由此将其称为“瓦格纳法则”。也就是说，公共部门在整个经济社会中的地位不断提升。经济的发展导致人们需要公共部门更多地介入，为自己提供服务，从而带来公共部门的成长。

---

* 原文发表于2015年11月5日《澎湃新闻》思想栏目。

当下的中国，人们对公共服务的需求不断增加，随之也爆发出越来越多的问题，需要制定一系列相应的公共政策来加以解决，比如城市交通拥堵、污染治理、城市环境整治、城乡基础教育、老年人护理等。拿老年人护理来说，它已超越了简单的家庭事务范畴，而成为一个公共问题，需要政府提供好的公共政策框架，才能促使各方提供解决方案，从而更好地应对老龄社会的到来。

每一个具体问题，都涉及公共政策应如何制定的讨论。这些讨论受到社会越来越多的关注，相关讨论变得越来越热烈。我认为，当下可以被称为中国"公共政策讨论大爆发"的时代。

过去，我们也有各种关于公共政策的讨论，但出于各种原因，讨论常常并不充分，社会参与的程度似乎也不那么广泛。现在，社会政治环境相对更宽松了，讨论变得更加可能和可行。另外，由于互联网传播方式的出现，对热点公共政策问题的讨论，容易出现爆发式传播，在时间上相互交叠。具体表现为，前一个问题的讨论还没结束，后一个新的问题又产生了。互联网的发展，的确使得观点之间的交锋甚至互相质疑，都变得更加容易。

在公共政策的讨论中，人们往往存在较大分歧，通常会有两种声音。这两种声音，对于公共政策的制定而言，都是必要的，而且也是十分重要的。

第一种是普通大众的声音

既然是公共政策，就意味着可能会与每一个人发生切身利益的关系。因此，基于自身利益，每一个人——无论专业人士还是非专业人士，表达自己对相关事件的看法，对相关政策的诉求，都有天然的正当性。

让大众的观点，大众对公共政策问题的看法和诉求，通过一个渠道表达出来，这是公共政策本身具备正当性的非常重要的要素。如果脱离了这种言论自由，脱离了基于言论自由对公共政策的观点表达，公共政策自身的正当性就不复存在了。

一个国家公共政策的出台和实施，一定要让所有人都能说话。正如有的法学家所强调的，"我们人民（We People）"这个概念背后，是"我们言说者（We Speakers）”。我们每一个社会共同体中的人，都是一个言说者，只有每个人把自己的利益表达出来，汇总之后，最终才能给政策制定者一个信号——怎样的社会偏好需要得到最充分的保证。这种发声是一个民主体制的保证，使得社会整体的利益诉求能够得到充分尊重。因此，笔者认为，社会当中的所有人，针对公共政策问题，都可以发表自己的观点。

第二种声音就是专业人士的声音

一些时候，与大众一样，专业人士也有自身利益诉求需要表达，但更重要的是，与特定公共政策领域相关的专业人士，需要基于自身专业知识的立场或科学的角度，来发出专业的声音。这种基于专业立场的表达，和大众的表达是不一样的。

相对于大众基于利益的表达，专业人士更多秉持一种“求真”的角度，做基于专业立场的表达。任何公共政策，它能否真正维护社会中每个人的利益，与政策内容是否准确把握住了相关事物的“真相”是有关系的。如果政策制定者不知相关真实状况是怎么一回事，其中蕴含了怎样的基本原理，则很可能所制定的公共政策虽然试图顾及民众的利益诉求，但最终却损害了全社会的利益。

以转基因食品为例：假若转基因食品对人的身体健康是有害的，而公共政策允许转基因食品大行其道，那就意味着消费者的健康会被损害，在这种情况下，即便有人愿意吃这样的食品，也不应允许其在市场上出售。但反过来讲，假若转基因食品对身体无害，而公共政策将其理解为有害，由此禁止市场销售转基因食品，这实际上就是对穷人利益的剥夺，也是对全社会利益的剥夺。因为这样一来，食品价格就无法降下来，整个社会的劳动力成本也无法降下来。由此将导致这个国家整体生产成本上升，并使该国的国际竞争力下降。因此，在转基因食品对身体究竟是否有害的问题上，也即“求真”这个层面，需要专业人士给出判断。只有在这个判断之上，才能体现公共政策的科学性。

因此，耶鲁大学法学家罗伯特·波斯特认为，允许大众说话，是为了让民主可以运转起来，解决的是民主正当的问题；而让专业的声音表达出来，是为了让民主更有效率地运转起来，解决的是民主胜任的问题。在公共政策讨论中，这两个维度都不可或缺。

现实中，公共政策讨论的分歧，可能来自不同立场的利益诉求，也可能来自专业知识的差异，还可能来自人们不去区分两种性质不同的表达，导致利益诉求与专业诉求之间产生矛盾。

公共政策讨论中，我们一定要随时提醒自己，把利益诉求与专业知识诉求区分开来

在公共政策制定方面，严格地说，基于专业知识的表达，应该揭示与该公共政策相关的现象和事物的真实面貌，特别是揭示相关现象背后各种因素之间的因果关系。

首先，我们先用排除法，说说何种表达不是专业表达。讨论中，往往存在意识形态的表达、道德规范的表达。比如说，针对某项公共政策的制定，有的观点会强调："主张政府监管，就是主张计划经济；不给市场完全的自由，就是反对市场经济改革。"这就把对具体问题的讨论变成了"计划"与"市场"的意识形态争论。

把观点表达包装为意识形态正确、道德正确，乃至政治正确，从而达到否定对方观点的效果，而不去探索事物本来的面貌，不去"求真"，这种情形在中国的公共政策讨论中非常普遍。必须指出，从理念之争、意识形态之争和道德立场之争中，并不能得到谁的观点为真、谁的观点符合专业知识的结论。这是第一个层次的问题。

第二个层次，基于专业知识的表达需要什么？首先，它需要表达者提出恰当的理论分析框架，而且在运用理论分析框架时，需要对之准确把握。换句话讲，如果一个人的理论分析框架是错的，即便把更多真实素材放到他面前，他得到的结论依然可能是错的；如果一个人对理论分析框架的把握不全面，也可能导致分析得到的只是错误的、不应被视作符合专业要求的观点。

所以，当讨论解决一个社会现实问题的公共政策时，我们必须思考，目前用于分析这个问题的理论框架所要求的假设条件，和我们所谈的现实问题背后的约束条件，是否吻合？或者说，是否比较接近？如果我们用的理论框架，其前提假设与现实约束条件相差很大，那么得到的结果很可能就不可靠。换句话讲，我们对专业知识的运用可能就不准确。

总之，基于专业知识的运用，应该对理论分析框架本身有准确认识，以及对理论分析框架进行全面运用，而不是只抓住某个点。当我们试图专业地讨论公共政策问题时，一定要记住，所有理论分析框架都是有假设前提的，如果不去考虑假设前提，而一味简单地运用理论分析框架，就可能得到一些并不专业的观点。

第三个层次是，基于准确的理论分析框架，我们大体可以得到一些对公共政策建议有用的观点或假说。到此还不够，这些观点或假说是否真的可用，还需进一步借助经验数据进行分析。如果没有进一步的经验分析，来刻画一个经济体的基本经济参数，公共政策讨论仍可能走入误区。

警惕个人所得税沦为"工薪税"

□ 刘　涛/上海交通大学安泰经济与管理学院会计系副教授

自1980年正式开征以来，个人所得税经历过数次改革。免征额从最初的800元逐步提升到如今的3500元，而累进税率分档也从最初的9档变为现在的7档。"即便是这样，改革的脚步仍应该加速。"因为提高免征额只是治标不治本，并不能解决其背后的症结问题。

个税渐成"工薪税"

20世纪80年代时，个人收入来源较为单一，主要就是薪酬收入，没有财产性收入。而如今的收入多样化，财产性收入大幅增加，就造成了制度与现有情况的脱节。同样是10万元收入，一个工资收入是5000元，其他是房租、

---

* 原文发表于2016年2月18日《劳动报》经济版。

稿酬等收入的人，其所缴纳的个人所得税就要远低于10万元是纯工资收入的人。

个人所得税在全世界有三种税制，分别是综合、分类及综合分类相结合。我们国家目前的税制是典型的分类税制，因为其便于管理，可以代扣代缴；但随着收入方式的多元化，分类税制下的个人所得税逐步变成了“工薪税”，有时就很难做到公平。

事实上，一些个体户收入比工薪阶层要高出许多，但是其最高税率只有35%，由于收入来源不同，税率不同，最终自然纳税人上缴的税收也会有很大的差异。不仅如此，有些高收入群体并没有固定的月工资收入：一方面收入所得的额度大，税率相对较低；另一方面没有人为其代扣代缴，各种资产增值、境内外投资收益等收入五花八门，甚至还有可能出现偷税漏税的现象。以上原因也直接导致了贫富差距的拉大，使基尼系数仍然维持在较高的水准。

税收要增加财政收入，更要确保公平，“征富济贫”。澳大利亚、日本、德国等国家采用综合与分类二者结合的方式，在收入较多的情况下分额累进、综合征收、扬长避短，国家财政收入不会减少，对于纳税人而言也是比较公平的，而这也正是我们个税改革的努力方向。

以家庭为单位征缴是方向

未来的个税改革方向，以家庭为征收单位将是大势所趋。

按照目前的个人所得税征收办法，假设甲家庭一人养活一家三口人，收入4000元/月；乙家庭夫妻二人都在工作，每人收入3000元/月，最后乙家庭无需缴税，而甲家庭每月则要缴纳15元的税。这显然有失公平。而若按照家庭征税，以家庭总收入为基准去征税，这样的现象就不会发生。

目前，“80后”小夫妻需要赡养四个老人，国家鼓励生育二胎后，对于家庭的压力可想而知。如果个人所得税征收负担大，就很有可能打消纳税者的生育意愿，对于人口红利的恢复更为不利。个人所得税和每个身处工薪阶层的职工密切相关，它会影响到家庭的幸福感。家庭是国家的基本单位，家庭幸福了，国家才能发展得更好。

不仅如此，如今退休的一批职工大部分为多子女家庭，而当打之年的“80后”们又多为独生子女，从而导致养老保险金缴纳压力陡增。如今国家养老保险金存在缺口，但结合未来的长远发展，最终还是需要依靠个人来填补。如果税收负担重，必定会给生活造成更大的压力。在适当延缓退休年龄的同时，如果能通过减免部分个人所得税，职工从心理上也会有所松弛，那么对个人未来的预期也会是乐观的。

个税抵扣项目期待增加

除了以家庭征收外，我们建议个税抵扣的项目也应该有所增加。

根据目前的政策，除了五险一金和免征额外，其余的收入都将缴纳个人所得税。而个人所得税应该让利于民，体现在衣、食、住、行等各个方面。比如在上海，房价动辄每平方米数万元，如果引入个人所得税抵扣按揭房贷，不仅会减轻购房者的压力，还会增加上海的吸引力，让更多人才留在上海安居。同样的道理，三四线城市的房产面临“去库存”压力，如果有相关的配套政策，通过市场化的手段，亦将有效缓解库存压力。一些发达国家，家长在孩子身上购置的保险、为孩子支出的教育费用、赡养老人的费用等都可以纳入个税的抵扣。这些方面都非常值得我们进一步探索。

有人认为税率越高，税收就会越多，其实不然。税率是根据税基的大小决定的。税率越高，税基会越来越小。就好比没有下蛋的鸡，自然也就没有了蛋。

放水养鱼，藏富于民

发达国家的个税在税收中所占的比例约在30%左右，美国更是达到了近50%。而根据财政部公布的数据，2015年我国的这一比例仅为6.9%。不仅如此，美国的个税收入中，60%来自年收入10万美元以上的群体，而在我国则是中低收入者的税收贡献率占到65%。近几年来，我国个人所得税的收入占整体税收的比重均在6%左右，而税收中的大头则是以增值税、营业税、消费税等间接税为主。这些流转税最后流转到商品上，还是要由消费者为其买单。

从国家的角度来说，目前个人所得税所占的比重并不算大，如果合理配置税率，适当提高高收入群体的税额，将促使这一比例快速增长。而对于普通职工而言，未来税制改革新政一旦落地，所交的税额肯定会降低。如果将来养老、二胎等各类个税抵扣项增加的话，对于纳税人而言，做得越多，抵扣项目也就越多，还能进一步拉动和刺激消费。

对于个人所得税的改革，应该把目光放得长远些，放水养鱼，休养生息。也许在一段时间内绝对值少了，但是时间轴拉长，未来的财政收入只会增加。“藏富于民”，何乐而不为？

买房养老未来会否成为“财富幻觉”

□ 潘英丽/上海交通大学安泰经济与管理学院金融系教授

改革开放以来，财富积累可视为一个重要的时代特征，成为人们从事各项经济活动的基本动力之一。那么，对于亿万家庭而言，财富的本质和功能是什么？国民财富结构对家庭和社会具有什么意义和影响？财富结构与人口结构和社会经济体制之间有什么关系？今天，笔者希望通过引入“财富幻觉”的概念，对这些问题予以分析，给个人家庭的财富管理，以及政府相关政策的制定提供参考。

如何理解“财富是身外之物”

在宏观经济学教科书中，有一个理论叫做“生命周期的消费理论”。这

* 原文发表于2016年9月13日《解放日报》第15版。

个理论比较简单，但意义还是蛮深刻的。其基本原理可以用一个平面图上的两条线来表示，其中一条随着年龄的增长向右上方倾斜，并在退休这一年垂直向下。它表示我们一生中的工作收入随年龄和资历的递进而上升、退休后不再有工作收入或者退休收入很少，从而不足以支付日常开销的变化态势。这应该是一个全球普遍适用的规律。

那么，人们应该如何选择自己的消费模式，以便实现在收入约束条件下的人生福利最大化呢？生命周期消费理论认为，给家庭和个人带来人生福利最大化的消费模式就是长期平稳的消费。这是因为人们的客观消费需要是相对稳定的。消费大幅度增加时，增量消费的边际效用是递减的；消费大幅度减少时，则痛苦的程度就会递增。人们在做消费决策前要做三件事：首先需要算出个人过去、现在和未来的收入大概是多少；然后给自己设定一个预期的寿命（这是该理论的一个缺点，事实上人们的实际寿命是很难预测的）；最后是做一个决策，也就是打算给子女留多少遗产。假设人一生可赚取1000万元，给子女留200万元，剩下的收入总额除以预期寿命就会得到每年可以开销的消费支出。

经济学将储蓄严格定义为消费者当年可支配收入减去当年全部消费支出后的剩余部分。这相当于传统农业社会农民家庭吃过、用过并扣除明年播种所需后的“余粮”。因此，社会储蓄就是一国当年总产出扣除消费后的剩余产品。财富则是在某一时点上以往历年储蓄的加总，用货币表示的话，就是个人或家庭的净资产总价值。现金、金融资产、住宅等非生产性资产和工厂、生产工具等生产性资产，一起构成财富的四大持有形式。

人们还清债务后到退休这段时间的储蓄积累，形成个人或家庭的财富。笔者在多次讲授生命周期消费理论后悟出，财富本质上是我们壮年期剩余产品的生产能力向老年期消费能力转化的载体，其主要功能就是养老。在给学生上课时，笔者曾问过他们“什么是财富”，有的同学无法直接给出财富的定义，只说“财富是身外之物”。这个说法只有很小一部分是正确的。超出养老所需的部分对个人而言确为身外之物，对自身福利的影响可以忽略不计。但对大多数普通老百姓而言，财富的多寡对他们老年期的福利状态还是至关重要的。

怎样做好财富储存和增值

财富的储存可以有三种方式：

一是直接保有使用价值的耐用消费品，如住房、家用电器等可以提供消费服务的耐用品或实物资产。

二是老一代人将储蓄借给年轻一代用于消费，年轻一代未来创造出的超出自身消费需要的剩余产品，则偿还给老一代用于养老消费。这是以信用为基础实现的剩余产品代际跨期交易。代际的跨期交易有两种方式：一种是由银行作中介，表现为壮年家庭和年轻家庭在银行的存款和借款。存款凭证即为老年一代对年轻一代剩余产品的索取权，贷款合约则为年轻一代的偿债义务。另外一种是父母和子女之间的资助关系。父母为子女支付住宅购买时的首付款，而子女则有赡养父母、照顾父母老年生活的义务和责任。

三是将储蓄存入银行、购买理财产品或投资基金、股票等产品。通过金融中介将储蓄转给企业，由其代理进行生产性投资，以增加未来消费品和消费服务的生产能力，实现财富的保值增值，并确保在未来需要套现时有足够的养老产品和服务可供购买和消费。

在商品和货币经济中，由于社会分工已经超越家庭、地区甚至国界，面对成千上万的产业，家庭和个人通常丧失了直接进行产业投资的能力。因而，越来越多的人意识到，有必要通过金融机构或金融市场的中介平台，从事专业投资和财富管理。

“财富幻觉”与人口结构相关

那么，“财富幻觉”是什么意思呢？“财富幻觉”与央行印钞无关，与资产泡沫无关，却与代际的人口结构相关。

笔者用反映人口结构的三个数字来讨论“财富幻觉”。这是我国三个不同时间点上的人口总和生育率。1961年我国的总和生育率是6.1，也就是一个家庭平均生6个孩子；1991年，这个数字是2.2；2010年人口普查，官方给出的总和生育率是1.55。2016年10月披露的我国对1%的15-49岁女性所做的“小普查”结果显示总和生育率已下降到1.047，低于目前日本的1.06。

假定我国实施计划生育基本国策后，独生子女政策得到严格贯彻，那么新中国建立后出生的第一代人，即20世纪五六十年代出生的那代人，大概是80后和00后两代独生子女总人数的1.33倍。有人可能会说，农村有很多“超生游击队”，农村超生儿童也许可以从数量上缓解人口代际结构的失衡。但是，如果这些“超生人口”没有相应的人力资本投资，那他们很可能会成为社会的负担和不稳定因素。从这个意义上说，义务教育的均等化具有重大意义。

这样的人口结构意味着，在不远的将来，我们很可能面临人口老龄化的社会危机。我们这一代有不少人指望买房养老。其实，买房养老的想法背后存在“财富幻觉”。老年人通常不需要也不应该住大房子。国外相关研究认为，人年老后腿脚往往会出问题，容易摔跤，在大房子里行动就更为不便，时间一长还会产生持续的精神压力，容易得抑郁症。假如住大房子又没有人陪，得抑郁症的概率还会更高一些。

目前，在中国家庭的净资产中，60%以上是房地产。在我们投资第二套房产时，存在的一个大问题就是“个体理性产生集体非理性”。老年人需要的是养老消费品和服务，而不是房子。今天我们持有房子的一个考虑，是认为在需要的时候，可以用房产去置换相应的养老产品与服务。事实上，在这个置换过程中将面临两个惊险的“跳跃”。

一个惊险的“跳跃”是马克思在《资本论》里讲的“产品价值的实现”。他说，在资本主义生产过程中，企业生产出来的商品必须卖出去，才能实现它的价值。今天很多企业产能过剩、库存积压，就是没有完成这个惊险的跳跃，因而很可能就此陷入破产境地。回到买房养老这个问题上，进入老年期，我们抛售自己持有的房产，问题是谁来买呢？理论上说，应该是我们的下一代人用他们的储蓄来购买或者承接我们的房产。但鉴于之前说过的总和生育率下降，下一代的人数实际是减少的。同时，在政府实施二胎政策的背景下，这些人如果选择生养两个孩子，实际上就没有太多储蓄可以用来购买住房了。因此，当老人要卖房时，房价一定不是今天的价格，很可能只有今天价格的一半，甚至更低。

第二个惊险的“跳跃”就是我们以打对折的价格把房产变现后，还能不能按今天的价格买到养老服务。事实上，由于提供养老服务的年轻劳动力很少，届时养老服务价格很可能会翻番。

综上所述，我们以为今天的财富净值足够未来养老，但其实今天所持有的财富净资产中，很可能有50%以上都是虚幻的，是未来不能发挥养老功能的。这就是“财富幻觉”的含义。它是由人口代际失衡造成的，也折射了老龄化社会危机的隐患。简单来说，老年人安享晚年需要的养老产品和服务，并不取决于持有多少物质财富，而取决于年轻一代或两代人的剩余产品生产能力。

社会资本可放大国民福利

世界银行曾经将国民财富分为四个大类：生产性资产、自然资本、人力资源和社会资本。其中，最重要的社会资本是第一次提出来的。世界银行将社会资本定义为制度与文化的混合物，它决定着为何一个社会在将给定资产转化为可持续福利方面比另一个社会更有效。因此，社会资本在给定资产规模的前提下具有放大国民福利的作用。

我们可以将社会资本看作一国所拥有的有效组织和管理社会和经济的能力。它由界定个人和集体、政府和市场的职能及关系，并使两组关系之间的协同效应持续增进的制度安排和服务体系构成。如果社会资本不足，物质财富在增进国民福利方面的作用显然就会大打折扣。

当前，社会上存在财富结构的失衡现象：一是重化工业的固定资产和房地产等实物资产过度投资、过度积累；二是自然资源（土地、森林、矿产、水与清新空气等）存在掠夺性开发和透支；三是人力资本的积累仍然不足；四是包括制度、社会组织、诚信文化等在内的社会资本缺失。

前三种失衡进一步表现为三种情况：劳动力简单再生产的衰减，即劳动者人数的减少与劳动者健康状况的不利变化；义务教育资源的总量短缺与分配不均；应试教育导致综合素质及动手、创造能力的下降。

在四大类国民财富的结构中，社会资本的缺失显得尤为关键。这涉及“提高国家治理能力”的问题。社会资本缺失的核心问题是政府职能的扭曲。政府职能应该是界定和保护私有产权，维护市场秩序，为市场有效配置资源提供制度保障，并提供公共服务和适度的宏观调控以弥补市场不足。政绩竞赛、税收利益、设租寻租的激励机制、政府配置资源的行政体制，以及优胜劣汰机制的缺失，则会造成社会资源的错配和财富结构的失衡。

财富结构失衡的一个重要表现就是，投资者面临严重的“资产荒”。无论家庭还是金融机构，都不知道该将资金往哪里投。其实，“资产荒”背后是“好企业荒”。资源错配造成产能过剩和企业盈利能力大幅度下降。全球央行实施量化宽松的货币政策甚至负利率，引发通货膨胀焦虑。家庭期望以实物资产来抵抗未来通胀，商业银行则认为房地产抵押贷款是最安全的金融资产。这使得一、二线城市的土地和房屋成为众人追逐的好资产，从而引起房价暴涨。也许我们前一二十年赚了钱，财富也增值了，但并不能排除相对于房价上涨的未来财富贬值。而这样的人口代际和财富结构性失衡，将会给大部分家庭和金融机构带来难以规避的系统性风险。

从三方面调整国民财富结构

如何消除“财富幻觉”呢？这就涉及财富结构的调整。这主要与国家的社会政策有关。中国未来14亿人口的客观需要是什么呢？随着时间的推移，人口老龄化和人均收入提高是最为确定的趋势。同时，我们可以确定食品和物质产品的消费在消费支出中的相对重要性将会不断下降，精神文化产品的体验和即时消费服务的重要性将会不断增加。

由于物质财富具有的技术折旧与损耗，再加上共享理念的兴起，人们对物质财富的需求会相对减少。最近高科技产业的投资专家指出，我们目前持有的汽车90%的时间是停着的而非行驶的，无人驾驶技术的普及将使家庭汽车需求减少80%。同时，在父母辈已拥有较多住宅面积时，年轻一代对住宅的购买需求也将明显下降。

当这些新的理念主导社会主流消费模式时，人们对物质财富的需求将会减少，这些财富的市场价格无疑也会不断下降。相比之下，精神文化财富则具有共享性、耐耗性。几百年前音乐家所创造的经典曲目，仍然得到越来越多人的喜爱；几千年前大思想家的经典著述，在今天仍然带给我们众多启示。精神文化精品的生命力和社会价值似乎并不存在折旧，反而会随着社会进步不断增值。由此可见，具有文化内涵和技术含量的物质产品的生产能力、精神文化产品的生产能力，以及即时消费服务的供给能力，这三者的重要性将日益显现。

针对当前国民财富结构与未来增进社会福利的客观要求不匹配的现状，笔者认为可以从以下三方面调整财富结构：

1. 需要实施代际平衡可续型的人力资源开发战略，包括根据实际情况，采取放开生育，补贴二胎的政策；加大义务教育资源的投入，提高义务教育的均质化和平等性；进一步推动教育制度改革，提高下一代的综合素质、专业技能和创造力；推进再就业培训，让从产能过程中释放出来的劳动力接受培训，在产业升级和服务发展中实现再就业，等等。

2. 政府需要转变职能，发挥金融市场的积极作用：包括构建有效界定和保护私有产权的法律制度；健全信息披露制度，强化监管的威慑力，防范商业欺诈，提高市场透明度；健全优胜劣汰的企业破产和市场退出机制，营造适合好企业发展的生态环境；消除“资产荒”，打通储蓄通往高成长产业和高效率企业的投融资通道等。

3. 需要强化知识产权的保护，并探索即时消费服务业的权责界定机制和新型商业模式，以此促进高新技术产业和文化产业的发展。即时消费服务业与传统制造业有着本质的区别，服务的生产、销售与消费同步发生，具有很强的个性化、人性化和专业技术要求。因此，与制造业产品质量的认证及鉴定不同，即时消费服务业的权责界定和质量保证相对更加复杂和困难。

服务提供者的职业道德、敬业精神和市场信誉，消费者的理性和遵纪守法，都是即时消费服务业健康发展的基本要素。如何健全法规行规，形成有效的市场秩序，并通过商业模式的创新来适应其发展的特殊要求，是一个需要研究的重要课题。另外，即时消费服务业发展的瓶颈之一，在于缺少具有良好服务技能和敬业精神的人才。因此，需要探索相应的专业培训、技术传播与专业评价机制，或在即时消费服务业引入学习型的现代企业组织，进而消除这些发展瓶颈。

第二篇

经济发展的联动趋势

“贸易促环保”是个真命题吗

□ 尹海涛/上海交通大学安泰经济与管理学院经济系副教授

在国际经济学和环境经济学中，有一个“污染避风港”（Pollution Haven Hypothesis）假说。其主要观点认为，发达国家环保规制的强化，会迫使发达国家的企业，把重污染的制造业，转移到环保要求比较低的发展中国家；而发展中国家为了吸引外资，启动经济发展，会争相降低环保标准，造成自然资源的破坏和环境的持续恶化。在很长一段时间里，该假说似乎是学术界的共识，鲜有不同的声音。

但是在20世纪90年代，这种和谐被打破了。美国学者Potoski和Prakash提出了“贸易促环保”（Tradeup）的命题。他们认为，在环境管理和环保技术方面，发达国家的企业明显优于发展中国家的企业。全球经济整合，会使发达国家的先进环保管理经验和技术，得以扩散到发展中国家，从而改善发展中

★ 原文发表于2016年7月8日《文汇报》文汇学人第13版。

国家的环境治理，提升环境绩效。

这个命题的提出，引起了广泛的争论。因为越来越多的污染问题成为跨越国界的地区性甚至是全球性的问题，污染治理或者环保责任在国家之间的划分，也因此成为一个非常重要并且敏感的国际政治问题。在联合国这些年召开的气候变化会议上，最吸引眼球的就是各种口水仗以及不欢而散的尴尬，责任划分问题的重要性可窥一斑。在这种情况下，如何看待“贸易促环保”的命题，其重要性不言而喻。

我们关注并组织研究了相关的问题。从逻辑上看，要使“贸易促环保”的命题成立，需要三个链条。首先，在发展中国家中，更依赖国际市场，更深入地参与国际经济整合的企业，在环保管理和环保技术方面确实优于发展中国家中的其他企业；其次，通过国际经济整合获取更先进的管理方法和技术的企业，能够形成明显的溢出效应，帮助发展中国家的其他企业，推动环境治理水平的提高；最后，因环保管理和技术改善所促成的单位产出污染的降低，能够抵消生产活动转移产生的量的效应。

我们的研究围绕着这三个链条展开。在第一个链条上，目前我们的研究给出的答案是肯定的。首先运用访谈的方法，我们发现参与国际贸易较多的企业，更有可能去进行ISO14001国际环境管理标准认证。很多发达国家的企业，例如美国的福特和日本的丰田，要求供应商必须通过ISO14001认证，所以该认证在很多行业都成为走向海外市场的敲门砖。目前，中国已然成为世界上ISO14001认证最多的国家。Potoski和Prakash最初提出观点的主要证据，就来源于他们在ISO14001国际扩散方面的研究。

当然有人会反驳说，ISO14001只是环境管理标准的认证，可能只停留在纸面上，不能转化为实际的环境绩效。为了在绩效层面验证第一个链条，我们搜集了上海市污染企业的数据，透过数据分析我们发现，通过投资和贸易的方式参与国际市场的企业，在二氧化硫和化学含氧量的排放方面，明显好于依赖国内市场的其他同行业的企业。

第二个链条主要关注是否存在溢出效应，也就是说，国际贸易和投资能否真正发挥传送带的作用，将先进的环境管理方法和环保技术引入发展中国家，让其生根发芽。证实或者证伪这个链条，要求我们观察到企业之间的互动。为此，我们收集了很多企业的案例，从这些案例上看，第二个链条的存在不无道理。2008年，沃尔玛在北京召开供应商大会，宣布要成为零售业可持续管理的领导者，它要求供应商必须符合其在社会责任和环境保护方面的要求。在审核中不能达标的企业，将丧失作为沃尔玛供应商的资格。而有的企业则采取更温情的合作方式。典型的例子是美国的通用汽车公司，它与世界环境中心合作（World Environment Center），号召其在中国的供应商参与他们绿化供应链（Greening Supply Chain）的项目。参与此项目的供应商，会得到通用的技术协助。通用汽车公司会帮助他们审视生产流程，查明改善环境管理的机会，并帮助他们实施相关措施。根据世界环境中心的报告，这个项目非常有效，在很大程度上减少了参与供应商企业产生的污染，并节省了能源和水的使用。

也有案例表明，跨国企业在社会责任和环境保护方面的努力，不只止步在一级供应商。肯德基中国在2013年展开所谓的“雷霆行动”，与其25个鸡肉供应商合作，淘汰了近5000个不达标的鸡舍，规范其二级供应商的生产过程。其新闻发言人明确表示，把可持续管理延伸到二级供应商，是肯德基在发达国家不曾使用、但在中国的市场上非常有必要的行动。强化二级供应商的管理，在食品安全问题非常突出的中国，有非常重要的意义。当年的三聚氰胺之痛，就是在供应链源头出了问题。但这也引出一个非常重要的学理问题：企业社会责任的边界到底在哪里？是在工厂的院墙之内，还是延伸到供应链的源头？

案例研究虽然能给我们很多深刻并且直观的认识，但是很难让我们满有信心地得出普适性的结论。我们也看到很多跨国企业在发展中国家的供应商，在社会责任和环保方面广为诟病的表现。例如苹果供应商所造成的严重污染。普适性的结论需要我们做更系统的社会调查，观察更多跨国企业的管理，尤其是其与供应商在可持续管理方面的互动。我们会持续在这方面做更多的研究。在第三个链条上，我们还没有做严肃的研究工作。盼望在不远的未来，也能有所分享。

全球经济整合，到底是促进还是危害发展中国家的环保问题，围绕这个问题的研究远远没有结束，争论也还会继续。很诚实地说，我做这方面的研究，最初是因为看到“贸易促环保”的说法之后，内心感到很气愤，从而抱着证伪的初衷开始的，但是目前调研发现的证据，却大多与“贸易促环保”的命题相一致。学者是有国家属性的，有国家主义或者民族主义的情绪当然无可厚非，但作为学者，最为首要的任务，是用严谨的方法观察世界，并客观地呈现自己的发现。

供给侧改革亟须加强供求的“空间匹配”

□ 陆　铭/上海交通大学安泰经济与管理学院经济系特聘教授

供给侧改革的本质是要让供给和需求相匹配，在结构调整中提升经济增长的速度与质量，改善人民的福利。笔者认为，当前的供给与需求不匹配在很大程度上是“空间不匹配”的问题，供给侧改革需要加强供求的“空间匹配”。

当前，中国出现了一系列供给与需求在空间上不匹配的现象

一方面，在人口流入地，人口的快速增长带来了大量基础设施和公共服务的需求，而相应的供给却相对不足。特别是在特大城市，现有的基础设施和公共服务供给往往是根据十多年前对现在的“人口规划”来投资的，而实际上现在的人口增长远远超过了当年的预测。人口流动的主要动因是就业与收入，体

* 原文发表于2015年12月22日《东方早报》上海经济评论B14版。

现了人民对于美好生活的向往。因此，面对由人口流动带来的需求，亟须加大对于基础设施和公共服务的投资。

另一方面，在人口流出地，大量的基础设施投资、新城和工业园的建设已经出现过剩，房地产库存严重，人口流出的农村地区有大量住房闲置。同样道理，人口流动是出于对就业和收入的追求，一个地方如果没有足够的、具有比较优势的产业发展空间，盲目加大投资或者是大量建设住房，其结果是新增的投资回报低下，不能为相关的地方政府负债提供足够现金流。当前，中国已经出现人口流出地负债率（地方政府负债与本省GDP之比）更高的现象。类似的前车之鉴是，美国的底特律在失去汽车产业这一发展动力之后，当地政府希望通过基础设施的建设留住人口，结果却是人口继续流出，大量投资没有足够回报，出现了政府债务危机。这一案例值得深思。

上述供给与需求在空间上不匹配的现象背后，有两个主要原因：

第一，经济增长与地理之间的关系没有得到充分的重视。现代经济的核心特点是强大的、不以人的意志为转移的规模经济效应，具体体现在城市（尤其是在大城市）具有更强的投资规模经济效应、劳动者和企业的专业化效应，以及劳动者自身经验积累和相互之间的学习效应。正因如此，在全球范围内，人口向以少数大都市为核心的都市圈集中的趋势仍然在进行之中，不仅发展中国家如此，在已经完成城市化进程的发达国家也是一样。如果不充分尊重人口流动背后的经济规律，那么，在人口流入地的基础设施与公共服务供给规划将长期滞后于人口增长，而在人口流出地的过剩投资将埋下地方政府债务的隐患。

第二，在现有体制下，财政和公共服务不能适应人口跨地区迁移的趋势。从人口流出地的角度来看，大量低技能劳动力从乡镇转向城市、内陆转向沿海，成为制造业和服务业的劳动供给。低技能劳动力在家乡接受的中小学教育形成的人力资本在其流入地产生回报，这使得人口流出地政府缺乏激励来进行教育投入。而在劳动力流入地（特别是大城市），由于人口跨地区流动的经济规律未被理解，大量外来人口不被认为是本地发展所需要的，同时，我国地方性基础设施和公共服务的投资主体主要是地方政府，因此，人口流入地不愿意为外来人口产生的基础设施和公共服务需求投资。不仅如此，人口流入地的地方政府还片面地把人口流入作为城市病的原因，把针对随迁子女的教育歧视作为阻碍外来人口流入的手段。

针对上述现象，当前的供给侧改革应该加强供给和需求的“空间匹配”，尤其是基础设施和公共服务的供给和需求的“空间匹配”。具体来说，笔者提出以下几点建议：

第一，加大对人口流入地的基础设施和公共服务投资，对于跨地区迁移人口的公共服务（尤其是教育）应加强中央政府的投资。一个地方的基础设施和公共服务投资应适应人口增长的趋势，对于人口流入地出现的“城市病”，应主要通过供给侧增加投入来进行治理。在基础设施方面，特别要加大对于大城市地铁项目和都市圈内部城际铁路的投资。在公共服务方面，尤其要加大对于人口流入地的教育和医疗设施的投入，并实现常住人口的公共服务均等化。特别是，中央政府在加大对基础教育的投入时，应尽快实现基础教育资源可随人口流动而流动，让农村留守儿童在其父母工作地接受教育。

第二，建设用地使用权的空间配置要与人口流动方向相一致。近十余年以来，我国建设用地的空间配置严重落后于人口流动的趋势，如果这一问题得不到解决，未来，人口流入地高地价、高房价的现象将持续存在，而在人口流出地，工业园、新城闲置的现象也将长期存在。为此，应加快土地制度改革，允许土地利用效率高的地区以有偿的方式向土地利用效率低的地区转入建设用地指标。对于举家迁移进城的农民，应允许其在自愿且得到合理补偿的前提下跨地区转让其宅基地对应的建设用地指标，相应地将其空置的宅基地复耕为农业用地。

第三，对于人口流出地政府的考核要更注重人均指标，而非总量指标。经济发展和人民福祉的提高主要体现为人均GDP和人均收入，而不是GDP和收入的总量。因此，如果对于人口流出地采取GDP总量增长的考核指标，地方政府就会出于追求总量经济增长的目的而盲目加大投资，甚至不惜负债发展，同时设法阻碍人口的流出。因此，对于地方政府的考核必须分类，人口流出地要更加注重人均经济指标和非经济指标。此外，配合人口流出地的考核指标变化，财税体制要有相应的调整。要削减基于生产的税率（如增值税），提高消费税和所得税在地方财政收入中的比重，增强人口流入地接纳外来人口市民化的激励。

第四，对于人口流出地的过剩投资，包括新城、工业园和基础设施投资要进行清理，对于这些项目对应的地方政府债务应该予以适当的核销，并对相应地方政府未来的负债进行更为严格的限制。各地政府都应加强对于本地发展经济的地理条件和比较优势产业的研究，对于部分零散分布且位置偏远的工业园，要认识到其缺乏项目投资的趋势并不是短期现象，如果继续投入，超标建设基础设施和新城只会带来日益严重的低投资回报和高负债问题。中央对于人口流出地的财政转移支付应更多地投入到教育、医疗等公共服务，以及与当地比较优势产业相吻合的基础设施中去。

供给侧动力，关键是打好新“三驾马车”的牌

□ 陈　宪/上海交通大学安泰经济与管理学院应用经济系教授

2008年金融和经济危机以来，世界各主要经济体都凸显出结构性矛盾。危机爆发后不久，《世界是平的》[1]一书的作者托马斯·弗里德曼在《纽约时报》撰写了专栏文章《罕见的不确定》，他在文中写道，无论在美国还是欧洲，宏观经济都需要经历一些大的结构性修复才能回到可持续发展的轨道上来。结构性修复就是针对结构性矛盾而言的。这里的结构性矛盾既存在于产业层面，也存在于制度层面。前者是浅层，后者是深层，是矛盾的根源所在。

长期以来，西方发达国家的经济学者认为，成熟市场经济中产业层面的结构问题是由市场自身调整的，只有遇到总需求冲击或总供给冲击时发生的总量问题，政府才需要通过财政和货币政策进行调整。金融危机后，情况发生了一些变化。例如，美国虚拟经济和实体经济间的结构性失调，已是不争的事实。

⋆ 原文发表于2016年6月7日《解放日报》第9版。

[1] 2015年，由中信出版社出版。

无论眼下的效果如何，所谓回归实体经济，再工业化，都是针对这一结构性失调所采取的政策举措，在全球范围内，学者和领导人针对危机后的主要思考和研究集中于制度性的结构矛盾，由此提出并推进的改革也就是结构性改革。

何谓结构性改革

吴敬琏先生综合拉古拉迈·拉詹（曾任国际货币基金组织首席经济学家，印度中央银行行长[2]）以及《经济学家》中一篇关于结构性改革（structural reform）的文章的解释，概括了一个定义。他认为，结构性改革是一个市场经济国家常用的概念，原意是指在市场经济条件下对部分制度架构和政府规制架构进行改革，特别是对政府职能进行改革。他特别强调，结构性改革不可与主要用行政方法进行的“结构调整”混为一谈。因此，结构性改革主要是在制度层面，而非产业层面。

2015年11月，习近平总书记根据适应和引领经济发展新常态的要求，以及全球金融危机后国际经济格局的重大变化，提出了“着力加强供给侧结构性改革”的新思路。中国经济经过三十多年的快速发展，在取得巨大成就的同时，也积累了比较突出的体制性、素质性的结构性矛盾和问题。在经济增长持续下行的表象背后，是原有增长动力衰减，新的增长动力还未形成的局面；一些行业和产品供给能力过剩，而新需求和潜在需求的有效供给能力不足。基于对这些基本事实的判断，将供给侧结构性改革作为未来一个时期经济改革和发展的主线，是完全正确的主动选择。

毋庸置疑，我们将结构性改革冠以“供给侧”这一定语，是特别强调在现阶段我国的经济生活中，总需求和总供给这对矛盾的主要方面在总供给。在一些行业和产品产能严重过剩的同时，核心技术、高端产品和服务、关键装备制造却还要依赖进口。这一矛盾在农产品和消费品领域同样比较突出。供给侧结构性改革主要将通过形成市场在资源配置中的决定性作用，来最终解决这个矛

[2] 拉詹已于2016年9月卸任。——编者注

盾。这是供给侧结构性改革要解决的问题之一，也是经济体制改革要解决的核心问题——市场和政府关系的问题。所以，供给侧结构性改革也主要在讲“对政府职能进行改革”，进而是制度性的结构性改革。

无论在宏观经济学的框架中，还是在现实的经济运行和发展中，总供给主要是一个中长期增长动力的问题，是供给创新的问题。因此，供给侧结构性改革需要解决的基本问题，就是中长期增长动力和创新驱动的问题。

分析供给或总供给的基本工具是生产函数或增长模型，劳动、资本和技术是其中的三个基本要素。现代经济增长主要不是靠劳动、资本和其他资源的投入，而是靠人力资本积累和效率提高。也就是说，在人力资本投资的作用下，劳动在很大程度上被人力资本取代，人力资本成为活劳动（主要指技术劳动和管理劳动）意义上的主要投入；随着技术进步对经济增长的作用日益增强，物质资本的相对重要性在逐步下降，而作为技术进步源泉的人力资本的相对重要性不断上升。并且，公共的人力资本投资具有兼顾效率和公平的性质，它们通过提高人们处理不均衡状态的能力，影响着经济增长的数量和质量。同时，公共的人力资本投资还可以促进收入分配差距的缩小，为可持续的经济增长创造更好的外部环境。人力资本已成为中长期经济增长的一个重要动力。

在凯恩斯早年的宏观经济学框架中，因为存在技术中性假设，总供给被假定为不变，所以，那时只有总需求分析和总需求管理。后世的经济学家将凯恩斯的宏观经济理论动态化、长期化，于是总供给便进入了宏观经济学的分析框架。在过去的一个时期，宏观经济学的分析框架由短期和长期组成。这里的短期和长期不是指具体的时间。短期是指总供给不变，只有总需求变化；长期则是指总供给也变化，而其动因主要是技术的进步。经济学家索洛指出了技术进步对经济增长的关键作用。经济学家罗默进一步指出，技术变革的速度受到激励的影响，市场经济体系内部存在这种激励，技术进步是由市场体系内生的。在技术变革如此密集的年代，假设短期总供给不变是不合适的，技术进步随时在影响总供给和经济增长。因此技术变革作为各个时期经济增长的主要动力，得到了充分的确认。

经济学家科斯创建了交易成本理论和企业理论，其“企业作为市场替代物而产生”的论断，引出了关于需求和供给的另一个分析框架，即市场与企业的分析框架。在完全竞争、信息对称的假设下，市场和企业本质上是等同的，但是，这两个假设只是“假设”，实际情况下，不完全竞争、信息不对称是经济活动的常态。作为市场主体的企业，成为经济研究和分析的基本对象，是现实经济活动中的决定性力量。特别需要强调的是，尽管现实中企业家的数量总是远远小于企业的数量，但在科斯那里，企业和企业家是混用的。这个框架是比较典型的宏观经济分析的微观基础。这里，需求是比较纯粹的市场决定，供给一方面根据需求形成，即需求导向；另一方面，供给是一个创业者、企业家不断试错的过程，通过供给创新对需求进行试错，尽管“对”者概率甚低，但新需求就是这样被创造并满足的。企业家的基本动机和行为，就是通过这样的创新获得超额利润，进而实现他们的社会责任。由此确立的企业家精神，是中长期经济增长的另一个重要动力。

笔者以为，供给侧动力也是“三驾马车”：技术进步、人力资本和企业家精神。问题在于，我国在新常态下的动力转换还存在着一系列体制性、制度性的障碍，它们在制约着供给侧动力的实现，致使原创性技术和核心技术缺乏，人力资本积累不足、质量不高，创业创新精神和企业家精神缺失，成为中国结构性改革首先要解决的问题。在任何国家和地区，保持经济可持续发展的一个重要前提，就是制度、体制和政策环境都要有助于中长期经济增长的“三驾马车”得到有效地激发和维护，以保证它们切实地发挥作用。正是在这个意义上，我们说结构性改革是一个全球性的课题。

当然，在不同的发展阶段、不同的体制演化过程，乃至不同的文化传统背景下，结构性改革有着各国不同的重点和方式。如果说中国现阶段的结构性改革聚焦于中长期增长动力和创新驱动，那么，在欧美国家，长期自由市场经济的发展，尤其是金融市场的发展，在暴露了大量结构性矛盾的基础上，也让学者们振聋发聩地提出，“重新关注市场的制度基础”。拉詹和路易吉·津加莱斯在《从资本家手中拯救资本主义》一书中写道：“不幸的是，并不只是在一个转型经济里才需要为自由市场体制而斗争，即便在最发达的国家里，每天也需要这样的斗争。市场需要政治上的支持，但是其自身的运转却在削弱这种支持。结果，市场成了一个脆弱的制度，在过分的政府干预和过少的政府支持下艰难前行。”这恰恰是全球都在面对的结构性改革课题。

构建新型国际经济秩序正当其时

□ 陈飞翔/上海交通大学安泰经济与管理学院应用经济系教授

当前全球经济复苏步履艰难，发达国家至今仍未真正走出金融危机的阴影，发展中国家也面临诸多新的冲击，世界经济处于前所未有的不确定状态中。造成当今国际经济困局的原因很多，不合理的国际经济秩序无疑是其中重要的深层因素。为今之计，必须加快构建适应全球经济格局变动的新型国际经济秩序。

国际经济秩序日益失衡

第二次世界大战后，在美国主导下建立起来的国际经济秩序沿袭至今。以世界银行、世界贸易组织（前身为关税与贸易总协定）和国际货币基金组织这

---

* 原文发表于2015年9月15日《社会科学报》总第1476期2版。

“三驾马车”为标志，构成了二战后国际经济秩序的基本框架，进而形成了相对稳定的国际经济秩序。从历史上看，美国主导下的这种国际经济秩序，在较长的一段时期内，对于二战后国际贸易的发展和国际金融市场的稳定，发挥了明显的积极作用。然而，随着时间的推移，尤其是进入21世纪以后，现有国际经济秩序的积极功能日渐衰退，某些不合理的方面日益突出，甚至一定程度上变成了全球经济发展的阻碍因素。

当今世界经济重心已经明显东移。在过去的三十多年时间里，尤其是进入21世纪之后，新兴国家和部分发展中国家的国际贸易规模迅速增长，引进外商直接投资的数量快速上升，对外直接投资也开始出现大幅增长，整体经济发展速度明显超出西方发达国家。尽管新兴国家目前仍面临许多新的困难与挑战，但国际经济格局已经发生深刻变化是不争的事实，然而现有国际经济秩序却仍然没有做出合理的调整。另一方面，美国当初构建国际经济秩序的一个主要目的是自身利益的最大化、持久化，出于一己私利，美国总是极力阻挠国际经济秩序的更新与重构。日积月累，导致现有国际经济秩序呈现出明显的结构性缺失和功能性失调。这种缺失和失调主要表现在以下几个方面：

一是垄断性，持续增高后来参与全球经济竞争的国家的准入壁垒。以美元为本位的全球金融体系，迫使后进国家在参与国际贸易和国际投资的过程中必须支付额外的货币交换成本，承担较高的汇率变动风险。网络的根资源掌控于美国一家之中，既越来越不适应全球信息交流快速增长的趋势，也加大了美国之外其他国家的信息安全风险。在航空工业和电子商务等战略性产业部门，由少数国家操纵的技术标准和认证体系等，也正在越来越多地阻碍后来的国家（包括发达国家）公平地参与国际分工与全球市场竞争。

二是单边性，少数国家常借方便之机损害多数国家的经济利益。利用自身的市场垄断优势或者在国际经济组织中的主导地位，少数发达国家不时对外转嫁自身的经济危机，从国际市场交换中榨取超额利润。

三是排斥性，神化西方经济模式，阻碍对未来发展道路的不同探索。在日常国际贸易与国际投资过程中，西方国家往往居高临下，设置种种前提条件，时常利用“规则”来教训和打压他人，或者极力推销自身的价值标准，制造借口和罪名诋毁抹黑竞争对手。比如西方国家利用所掌控的评级机构等，把自身的经济运行方式奉为经典甚至是唯一正确的模式，歧视贬低其他国家的企业制度和宏观管理方式，否定不同的国情应当有不同发展道路的观点。更有甚者，西方主要国家时常运用市场力量，比如动辄实施经济制裁等手段来追求自私的政治目标。

新型国际经济秩序的特征

国际经济秩序就其实质而言是一种广义的游戏规则，包括成文和不成文两种，它对全球经济发展的影响十分广泛和深远，其重要意义甚至是资本和技术等实物要素都难以比拟的。判断国际经济秩序是否合理的唯一标准只能是多数国家的利益。规则的权威性起源于多数的认同，规则的有效性依赖于多数的遵从。必须改变现行国际经济秩序过于偏向少数发达国家利益的格局，形成更有利于促进多数国家经济成长的良好环境。不能把现有的国际经济秩序人为地加以固化，应当与时俱进构建更有利于人类社会经济发展进步的空间。基于全球共同发展的崇高目标，新型国际经济秩序应当具有如下特征：

首先，尊重发展道路的多元性。各国国情不同，决定市场经济的具体运行方式不一样，微观企业制度与宏观管理政策都会存在差异。因此，国家之间的经济交往不应强求对方与自己一致，在国际贸易和投资过程中不应以某个模式为标准来制造理由，干预企业的市场行为。

其次，保障各方话语的平等性。当今时代，不同国家日益广泛地汇聚在特定的全球产业链和价值链上，国际分工体系中的利益分配问题比以往任何时候都更为复杂，促使未来的经济全球化进程走向更加公平，既是诱导各国持续参与未来经济全球化进程的必要保障，也是提高全球资源配置效率的必要条件。因此，应当也必须保障不同国家、不同民族在国际经济生活中享有平等的话语权。

再次，扩大国际治理的兼容性。现有的一些主要的国际经济组织受发达国家的操控明显，导致在对一些重大国际经济事务作出决策时，往往偏袒发达国家的利益，排斥其他国家的合理意见，忽略发展中国家的合理要求。因此，大力改造国际经济组织的治理结构无疑已成题中之义。要让已有的国际经济组织具有更广泛的代表性，由更多的新型国际组织和机构来代表和维护发展中国家的利益和要求，保障未来的经济全球化进程更合理、更均衡。

更新国际经济秩序的进程

今天的中国经济已经进入需要通过更高层次的全球化来支撑国民经济持续增长的新阶段，国际经济秩序已经成为事关全局而不得不争的战略制高点。2014年，我国GDP总量已经迈上10万亿美元的台阶，标志着中国经济在全球经济中的地位稳定提升，中国有义务引导国际经济秩序进一步走向合理化，也有能力适时推动国际经济秩序的更新进程。一方面，更新国际经济秩序不只是中国的需要，新兴国家和广大发展中国家也有着共同的愿望。经济全球化归根到底是为了人类社会的共同利益，理应也必然要形成符合多数人利益的共同规则。另一方面，我国的进出口贸易规模为世界第一，引进外资多年保持发展中国家第一，近年对外直接投资的规模迅速扩张，对世界经济增长的贡献名列前茅，中国已经是国际市场上重量级的角色，理应享有其他国家已经拥有的地位和权利。近期来看，我国应当从以下几个方面积极启动国际经济秩序更新的进程。

首先，优化空间布局，提升对国际经济事务的影响力。区域经济一体化对未来全球经济格局具有十分重要的影响，不同形式的自贸区是今后一个时期支配全球经济竞争态势的关键因素。我国要抓紧时间把“一带一路”战略做实做好，通过基础设施建设和制度安排等逐步形成有实质意义的区域经济共同体。同时，也要更为积极主动地推进其他方面的自贸区建设，因势利导加快与不同类型国家的自贸区谈判进程，更为积极有效地引导区域经济一体化的发展进程。

其次，完善国际机构，扩大对国际经济事务的话语权。随着经济全球化进程的不断推进，相应的国际经济组织与机构将发挥更为重要的功能，我国应当也必须以更为主动的姿态参与其中。一方面，要积极推动对现有国际经济组织的改革与改造，比如，努力促成国际货币基金组织的改革早日落实，以更好地体现和保障发展中国家的正当利益。另一方面，更要大力加快金砖国家银行、亚洲投资银行等新型国际金融机构的建设步伐，考虑设立更多的国际化基金和政府间合作组织，让发展中国家在未来的全球竞争中有更多的选择。

再次，转换开放模式，增强国际经济事务中的自主权。要把我国对外开放的重心转移到培育和发挥新型比较优势的轨道上来，尽早在国际产业链和价值链中进行重新定位。国民经济的长足发展已经重构我国参与国际竞争的态势，从现在开始应更积极地拓展海外直接投资来拉动国内高端装备和技术出口，提高出口商品的附加价值，进一步扩大出口市场份额。在国际贸易等方面，更主动地推行人民币结算，扩大人民币国际互换的规模，形成新型的国际竞争优势。在未来的全球经济竞争中不能再简单地听从别人发号施令，而必须着眼于形成和增强自身的引导能力。

基础设施多少为多

□ 施　浩/上海交通大学安泰经济与管理学院经济系讲师
黄少卿/上海交通大学安泰经济与管理学院经济系副教授

2008年，面对全球金融危机冲击及可能出现的经济增速放缓，中国政府再一次选择利用基础设施投资来刺激经济。一揽子刺激计划引发自1985年以来最大的基础设施投资热潮。据国家统计局估计，2009年基础设施投资额为6.18万亿元，这一数值于2010年攀升至7.2万亿元。

我们发现：1997年中国多数省份基础设施存在明显短缺，因为新增1元基础设施投资带来的产出增加高于新增1元生产设施投资带来的产出增加。1997年基础设施资本和生产设施资本错配造成的GDP损失是2.58%。但是，到了2008年，虽然东部和中部部分省份基础设施仍相对不足，西部多数省份的基础

* 原文发表于2014年9月29日《财新周刊》第38期。

设施投资，与生产设施相比已经过度。1997年和2008年金融危机以后，中国政府在全国范围内进行的大规模基础设施投资具有不同的经济效率。

通过1995-2011年中国28个省基础设施资本相对生产设施资本的比例，基础设施资本相对GDP的比例和生产设施资本相对GDP的比例的汇总统计，平均而言，西部省份基础设施资本相对生产设施资本的比例和基础设施资本相对GDP的比例均明显高于东、中部地区。另外，平均而言，西部省份生产设施资本相对GDP的比例仅略高于东、中部地区。这告诉我们三个事实：（1）中国西部省份基础设施资本相对更加充足；（2）西部省份单位基础设施资本对GDP的贡献小于东、中部省份；（3）西部省份相对的基础设施资本并没有促成单位生产设施资本对GDP的贡献的增加。价格调整后的基础设施资本边际产出与生产设施资本边际产出的比值显示，1997年多数省份的投资效率大于1（青海是唯一的例外）。这说明，彼时中国正面临着全国范围内的基础设施短缺，并且大体而言，价格调整后的两种资本边际产出比，东、中部省份高于西部省份。

1997年中国政府为使中国经济免受亚洲金融危机的影响，进行了大规模的基础设施投资，但1998-2001年间投资生产设施资本的意愿很低。与1997年相比，1998-2001年实际生产设施投资分别增长0%、2%、12%和38%，而实际基础设施分别增长35%、43%、57%和66%。如此大规模的基础设施投资改善了基础设施和生产设施资本的配置效率，1998-2001年中国多数省份价格调整后的两种资本边际产出比逐渐下降并趋近于1。因为基础设施资本和生产设施资本错配导致的GDP损失从1997年的2.58%降低到2001年的0.71%。因此，从总量生产函数的视角，1997年亚洲金融危机后中国政府大规模基础设施投资通过以下两种途径刺激了中国经济增长：第一，增加基础设施资本存量；第二，减少基础设施资本和生产设施资本的错配。资源错配程度的下降使1997-2001年中国GDP的年增长率提高了0.47%。

有趣的是，2001年以来西部省份（新疆除外）价格调整后的两种资本边际产出比一直低于1，这表明基础设施相对过剩。这可能源于中国政府2001年启动的西部大开发计划。实际上，基础设施建设就是该计划的一项重要内容。2001-2011年西部诸省实际GDP之和约占全国GDP的15%。但是，同一时期西部诸省实际基础设施投资占比从25%攀升到33%。西部诸省实际生产设施投资占比仅从19%上升到21%。这表明，2001-2011年尽管基础设施投资作为一个重要的政策工具来刺激西部省份的经济增长，但基础设施资本对生产设施资本的挤入效应却十分有限。西部省份相对较大的基础设施投资及其对生产设施资本有限的挤入效应，导致基础设施使用不足，进而导致了GDP的损失。

2008年面对全球金融危机冲击时，中国政府再次利用基础设施投资来刺激经济增长。与2008年相比，2009年和2010年基础设施投资分别增长了45%和63%。但是，2008年的中国经济与1997年的中国经济有诸多不同：第一，从全国来看，2008年基础设施并不短缺，基础设施使用不足的问题已存在于西部诸省区；第二，2008年全球金融危机以后，生产设施投资意愿并不低。与2008年相比，2009年和2010年实际生产设施投资分别增长了32%和62%。因此，2008年后全国范围内的大规模基础设施投资，似乎并未改善基础设施资本和生产设施资本的配置，这与1997年亚洲金融危机以后的基础设施投资效果不同。特别是在一些东、中部省份，2008年基础设施已经处于短缺状态，基础设施资本和生产设施资本错配后进一步恶化，这是由大规模的生产设施投资造成的。基础设施资本和生产设施资本错配造成的GDP损失从2008年的1.31%增长到了2011年的1.85%。

此外，在中国西部大开发期间，基础设施资本对生产设施资本的挤入效应十分有限。这可能反映了如下事实：西部省份的经济发展瓶颈不在于基础设施，而在于一些无形的因素，如制度质量、市场化程度和创新能力等。我们的主要结论是2001年以后西部多数省份的基础设施实际上已经相对过剩，这些省份内部基础设施资本和生产设施资本的错配导致了很大的GDP损失。

基于我们估计的基础设施资本和生产设施资本的产出弹性，1997年亚洲金融危机以后的大规模基础设施投资是有效率的，因为彼时多数省份基础设施尚处于明显短缺状态。但是，2008年，由于西部大开发计划，西部多数省份基础设施相对生产设施已经过多，而一些东、中部省份基础设施仍明显短缺。

2008年全球金融危机后的大规模基础设施投资并未有效降低中国基础设施资本和生产设施资本的错配程度。

这些关于基础设施和生产设施投资效率的发现可能会引起经济学者和政策制定者的兴趣。例如，政府不能过度依赖基础设施投资来刺激经济增长或缩小发达地区和不发达地区的差距。由于2009年和2010年中国的基础设施投资很大一部分资金来源于地方债，评估这两年刺激经济增长的投资在将来可能引发地方政府什么样的财政风险十分重要。此外，一些东、中部省份基础设施处于相对短缺状态，在这些地区政府可以考虑允许私人投资和经营一部分基础设施。

供给侧管理要落实在货币发行上

□ 胡海鸥/上海交通大学安泰经济与管理学院金融系教授

怎一个“供给侧”词了得

中国经济的过热，固然有供给侧的原因，但却不是“供给侧”一词所尽能涵盖的，其中非常重要的是价格信号失灵的影响。所以理顺中国经济不仅要去库存、去杠杆等，更要实现价格机制的充分弹性，使之充分有效地调节经济热度，熨平经济的波幅。

一般来说，企业家必须根据市场需求决定产出，因为只有卖掉才有利润，才能收回投资。所以企业家不仅不会生产卖不掉的产品，甚至要在有可能卖不掉之前就要停止生产，以免承担最后卖不掉的损失，因此经济一般不会过热。企业家判断是否能卖掉的重要依据是价格，如果商品价格下降，利率、人工、

* 原文为三篇时评，均发表于《中国时报》。

材料和能源等生产成本上升，就是销售景气下降，企业所得利润减少，企业家势必缩小生产规模，经济热度亦随之下降。所以发达国家经济小有上升，随即就掉头下行，对生产链和国内外产品的需求以及房地产价格与汇率等的影响也不太明显，经济不会过热。因为商品价格下跌和生产成本上升都不太多，过剩产能很快就能被消化吸收掉。需求再度增加，企业很快喘过气来，经济相应复苏。只要没有黑天鹅事件的突然发生和高科技的普及应用，经济可以在小幅震荡中稳定前行。

按照这样的逻辑，中国经济过热的主要原因只能是价格信号的反应滞后，既然价格不跌，成本不增，企业家当然要将生产规模扩大至经济过热。这个过程刺激产业链的细分和延伸，吸收就业，积蓄产能。同时，中国商品的外币价格不变，中国持续顺差增加对外国原材料和大宗商品的需求，外国经济相应繁荣。中国出口增加带动人民币发行增加，增加的人民币供给势必向房地产领域汇集，因为商品价格在出口创汇收益稳定的制约下难以提高，房地产则没有类似的参照限制，这就促使房地产价格持续大幅上升。显然，所谓经济过热只能是价格不能及时调整的必然结果。

既定价格水平下的社会需求终究要走到某个极限，此时生产规模已经相当之大，产业链的细分和拓展非常可观，外国对本国产品的需求以及本国对外国原材料和大宗商品需求也相当旺盛。此时价格必须深幅下降，才能刺激起足够需求，将过多产品购买掉。价格深幅下降则迫使企业大幅收缩生产规模，切削产业链。中国生产的收缩，还将减少对外国原材料大宗商品需求，外国经济相应低迷，外币汇率下跌，外国更买不起中国商品，中国经济进一步收缩，前期的经济过热就此导致后期的经济过冷。

尽管中国政府一直在努力稳定人民币汇率，但是，形势往往比政府意愿更强。人民币发行过多导致公众的通胀感觉超过统计局的数据，国内物价成本上升大于出口创汇的人民币回报，企业与其扩大出口，不如投资房地产，增发人民币更向房地产集中，房地产回报远远超过实体经济。房地产价格上升更暴露美元汇率相对较低，公众迟早会抛房产换美元，这更推高美元汇率。人民币汇率下跌，加重企业外债负担，进口粮食、食油和能源的人民币价格都上升，通胀相应加剧，公众购买力进一步下降，经济在下行通道中走得更远。如此经济收缩要持续相当一段时间，只有将先前积累的各种压力释放掉，经济才能重新进入回升通道。如前三十年，经济的发展带动了煤炭业的繁荣。现在钢铁有色金属价格下降一半到五分之四，煤炭价格更是跌得离谱，其产量下降要到钢铁有色金属的过度需求消失为止，那时需求逐渐增加，煤炭业和整体经济才能逐步回暖。除非国家“一带一路”战略取得成功，但就经济本身的自然调整过程而言，这个时间的长度不容低估。

显然，只要中国能及时调整价格，则经济运行可在及时释放压力的过程中，小幅波动前行。但实际上中国的价格并没能及时调整，所以经济运行会出现经济过热的压力大幅集聚后，突然滑进下行通道。可见，理顺中国经济固然离不开供给侧管理，但更需要让价格机制充分波动，发挥调节经济热度的应有作用。

价格僵硬的货币发行之过

中国货币价格的僵硬是经济过热和过冷的重要原因，而在价格僵硬的背后则是由于人民币发行过多。尽管人民币也以再贴现、公开市场操作等多种方式发行，但是，在过去的三十年中，人民币的发行主要通过购买外汇来完成，但也正是这种发行方式导致了价格信号的失灵与经济的大起大落。

一般来说，英美国家的货币发行主要通过买短期商业票据和国债的方式来进行，此时在中央银行账上，资产方的有价证券与负债方的货币发行一起增加。因有价证券到期要偿还，所以央行发出的货币很快会伴随有价证券的到期而流回央行。货币供给只是短期增加，很快退出并彻底消失，其流通中的货币量保持稳定，增长缓慢（这里不讨论央行的资产对负债的制约，以及国会对货币供给的管控）。此外，央行要高价买进有价证券，所以货币供给增加，利率下降。而在偿还时，货币供给减少，利率回升。因为货币供给变动与外汇无关，所以国际收支顺差，对本币需求增加，本币供给不变，本币汇率上升；反之，国际收支逆差，公众换外币支付逆差，本币供给增加，本币汇率下降。正是在这个前提上，经济繁荣，商品数量增加，货币供给不变，商品价格下跌。企业资金需求增加，借款利率上升，生产小有扩张就要收缩，因为企业增量收入减少，增量成本增加，利润空间缩小，经济很难持续过热，更不可能掉头过冷。除非科学技术进步，大幅降低成本，经济才能有持续的增长。

相较于英美国家的货币发行，人民币发行则主要通过买外汇的方式来进行。在人民银行的资产负债表上，资产方的外汇与负债方的人民币发行一起增加。因为只有在国际收支逆差时，买外汇发出的人民币才能退出流通。所以在我国国际收支顺差持续的三十年中，只有人民币的投放和暂时退出，却没有人民币的消失，货币供给持续增加。因为国际收支顺差，外币对人民币需求增加，人民币应该升值，但人民币供给的增加，导致人民币汇率保持不变。中国商品外币价格不升，出口将持续保持顺差，外币进来越来越多，人民币发行也相应增加。尽管中国的利率变动受人行行政命令所决定，但市场人民币流量的充裕势必制约利率上升。这不仅阻碍银行贷款成本的上升，而且导致生产要素价格的稳定（这里尚不讨论其他因素制约的劳动力成本的提高）。在这个前提上，经济繁荣，商品价格不降，与利率相关的所有生产成本也不上升，企业利润空间不收缩，生产规模势必由扩张走向更大的扩张，经济的过热就在所难免了。一旦发展到商品卖不掉，此时，价格已非深幅下降不足以释放过大的产能，生产就此遭受到沉重打击，经济过冷也不可避免。

可见，要避免经济的大起大落，就要让价格有效地调节经济热度。而要使价格具有充分弹性，就必须将买外汇发人民币转移到买国债和再贴现商业票据上去。只有切断货币供给与经济增长之间的直接联系，经济增长造成商品多和货币少时，商品价格才会下降，企业收益减少。同时，经济增长带动借款需求增加，拉高借款利率，生产成本上升。企业利润空间缩小，经济不会过热，也就不会过冷。只有在货币数量拖累经济增长时，央行才会增加货币供给，但这也只能是短期的，一旦经济形势好转，增加的货币供给必须退出。将货币发行转移到买国债上来的重要意义还在于，其可以促使科学技术的进步与运用。因为企业不甘心货币供给不变时的收益减少、成本上升，而它的可行选择是用科学技术来降低成本。如果没有买国债发货币的制约，企业就会缺乏推动科学技术进步的压力和动力，而依靠货币数量的增加来拉动经济的增长只能是粗放的和不可持续的。

追求利润最大化是企业家的天职和权力，只要价格信号能随市场需求而调整，企业家的利益追求就不会造成经济过热或过冷。但如果价格信号僵硬滞后，企业家的利益追求一定会造成经济的过热和过冷，这不是由于他们的非理性，而是价格信号的误导。所以政府的重要职责是提供正确的价格信号，而实现这个目标的首要方面是要规范货币的发行方式。

买外汇发人民币的无奈与麻烦

中国大陆选择买外汇发人民币，不仅有现实条件的制约，更有货币理论改革的滞后。因为消费不足，财政收支结构不合理，政府为经济增长和充分就业，只能靠外向型经济，增加出口。而买外汇发人民币则是实现这个目标的最好的方式，它可以阻遏人民币汇率上升，实现出口长期顺差，但如此操作却又势必要承受经济大起大落的代价。

按照宏观经济均衡原理，总供给要等于总需求，来年的再生产规模取决于当年的卖掉总量。如果当年的产出不能全部卖掉，则来年的生产规模只能相应缩减。如果当年所有的产出都能卖掉，未来的生产规模将在当年的规模上继续扩大。如果当年的总需求大于总供给，来年的生产规模不仅能相应扩大，甚至有可能发生通胀。总需求的构成主要有消费、投资、政府支出和净出口。其中消费的比重最大，这不仅因为消费是生产的目的，更因为消费的增加有利于国民经济的可持续发展。政府支出一般比较稳定，投资和净出口可以用来调节宏观经济均衡，但是它们在短期中可以促进总需求与总供给相等，但在长期中则非常可能造成经济的低迷和萎缩。

投资增加可以扩大现在的总需求，缓解经济低迷与失业的压力。但是投资增加扩大了产能，如果明年消费还上不去，明年总供给大于总需求的缺口就将更大。为了避免经济下行造成失业，明年只能继续追加投资。如此状况持续加剧，为保障再生产循环的继续，需要追加的投资就越来越多。原本为了满足消费的投资也异化成为投资而进行的投资，因为投资降低消费的比重，为保障经济增长与就业，就为抵消投资的负面效应只能进一步扩大投资。增加净出口也不可持续，因为净出口越多，本币升值压力越大；外汇储备越多，外汇贬值和套利投机的风险越大；货币发行越多，通胀、经济过热和经济结构紊乱，以及环境生态破坏的矛盾就越尖锐。所以要保持宏观经济健康有序的运行，只有拉动消费，才是实现总供给等于总需求的人间正道。

发达国家的消费接近70%，剩下的30%用投资、政府支出和净出口来消除可以比较从容。大陆的消费只有35%左右，为了避免宏观经济的收缩和失业的增加，政府只能扩大投资与增加出口，这就是“铁公基”和4万亿，以及出口外向型经济等的由来。而要实现这两个目标的最好的方式也许莫过于增加货币供给了，因为这既可刺激对投资品的需求，又能压低贷款利率，从而带动投资的增长。货币供给的增加，还可以压低汇率，使得中国商品相对便宜，从而保持出口的持续顺差。显然，只有买外汇发人民币才能具有这样的功效。尽管谁都可以因为经济的大起大落，而批评买外汇发人民币，但是如果不这么做，则会导致经济低迷，失业率增加，甚至社会震荡。在这个意义上，经济的大起大落未必不是成本较小的选择，至少大陆获得了将近三十年的高速增长，也带动了周边国家和地区的发展。

显然，只有增加消费，才能实现宏观经济健康有序地循环。其前提和条件是增加公众收入和福利保障，使得公众能够并敢于消费，这就需要财政增加对民生的支出。就我国目前吃饭财政的负担而言，进一步增加民生支出有相当难度。此外，我国公众有很强的储蓄倾向，即便收入增加，他们的消费也未必能同步增长。所以拉动消费并非易事，这不能不是大陆长期实行外向型经济战略，并以买外汇发人民币来保障贯彻的重要原因。

买外汇发人民币不仅是消费不足的不得已选择，其更有理论的认可，否则也不会持续几十年。大陆的传统理论认为货币流通要为商品流通服务，所以出口和外汇储备增加，以外汇为担保的人民币也理当增加。但是，按照现代资产负债平衡的要求，央行只能用自己的资本（权益），而不是公众的外汇，作为货币发行（负债）的担保。买外汇发人民币实际上是用公众的资产作为央行负债的担保，这就势必导致货币发行过多的种种弊端。

显然，要避免经济过热，恢复价格信号的弹性，要从增加消费和改革货币发行做起。

股市监管大框架尚未搭建完成

□ 夏立军/上海交通大学安泰经济与管理学院会计系教授

证券市场的监管需要系统性框架

在资本市场，投资者和上市公司之间存在着严重的信息不对称，解决这一问题是资本市场监管的核心，而解决的方式便是会计信息和非会计信息的充分披露。由于可验证性较强，会计信息在一定程度上还发挥着监督和约束非会计信息的作用。

在对证券市场的监管中，司法长期缺位，因此主要借助强有力的行政治理。但当证券市场发展到一定阶段后，这一模式可能就难以持续了。证券市场的监管，需要搭建立法、执法、司法齐头并进的系统性框架。

中国股市的造假收益太高，但造假成本却很低。像绿大地这种极其严重

---

* 原文发表于2014年7月1日《新京报》B10版。

的情况，所受的法律制裁程度与其造假产生的巨大收益相比还是存在较大差距。很多人说A股IPO是造富机器，而“造富机器”背后产生的代价，值得我们深思。

在早期，每年上市公司年报审计结束之后，证监会会计部都会有关于上市公司财务报告审计意见的一些分析，里面会提到一些连续多年拿到非标意见的公司。盛润股份就是其中的典型，其上市后每年都拿非标，让我们不禁要研究一下，它为什么“屡教不改”？

这种情况，显然和成熟市场有很大的不同。不要说连年拿非标，在成熟的市场，一年拿非标都是很严重的情况，其年报公布后股价会大幅下跌。但在中国，情况却大不相同：即便拿到非标，股票也不会大幅下跌，甚至还有可能上涨。

我们试图通过案例来分析相关制度是否存在缺陷。研究结果发现：连续多年拿非标，公司也拒绝调整相关会计处理和披露，最关键的原因是非标对企业来说，并不能产生重大影响，这就造成企业进行会计和披露调整的成本可能很大，但收益很小，维持原有政策，反而是一个更为“合理”的方式。

因为企业认为，虽然处于ST，但拿了非标也不会遭遇退市，因而无须引起重视。早前虽然审计师出具了很多非标意见，但投资者不去在意，企业也就不觉得有什么成本。但从2000年左右开始，证监会越来越重视审计师出具的非标意见，所以近几年的非标数量得以减少，因为企业担心证监会对非标的反应。

在美国靠市场，如若拿了非标，投资人“用脚投票”，后果很严重；而中国是证监会实行惩罚，让不改正的公司停牌等等，所以现在只有5%左右的企业拿非标。而在这5%当中，也有不少因为种种客观原因而无法实施更改。

国内上市公司缺乏对高质量审计的需求

我们发现，国际上80%左右的上市企业都愿意请国际四大会计师事务所来审计，但是在中国，“四大”的市场份额（按上市公司客户数）连10%都不到。别的国家都愿意请“四大”审计，因为它代表着高质量。但在中国，大家对于最大的会计师事务所却没有太大需求。不禁让人担心，中国上市公司会计数据的质量（因为不是最高质量的审计师在做），但独立审计是自愿的，法律没有规定必须请谁。

“四大”在培训上有大量的投入，有严格的公司规定，还有全球性的声誉，其独立性相对更强。最重要的是，“四大”规模较大，一般企业对其影响有限。对小所而言，小企业很容易成为它的大客户；对大所而言，大企业就变成了小客户。我们也发现，国有和民营、东部和西部有差别。越是往西，越是地方国有企业，越不愿意请大的审计师审计。也有人说当地审计师可能更了解当地的企业，更容易监督企业经营，这是一种正面的解释。但我们发现，企业请本地的公司做审计，拿出的审计意见往往还是更正面一点。

审计师的独立性来自于市场激励，如果大家对高质量的审计有需求，就会向市场发送信号，审计师也会提高水平，因为这样做有价值。但如果审计师认为提升质量不仅没有好处，还会丢失客户，在经济上的动力就显然不足了。

股市监管大的框架还没搭起来

万福生科、绿大地事件后，国内资本市场的监管严格了一些，但中国与美国不同，美国可能会存在一些漏洞，但大的框架没有问题；而中国是大的框架还没有搭建起来。大框架总体上说，就是立法、执法、司法。一是立法，立法是不是充分保护投资者。很多人都觉得，过去二十年中国市场较为保护融资者，一开始保护国有企业，自然站在融资者的角度。二是执法，肖钢上任时在《求是》写了一篇文章，讲执法困难。这其中可能有很多原因，比如一个很小的因素：上市公司有一大批国有企业，背后有一大批政府机关、国资委，一个交易所或者一个证监会的普通员工，政治级别差一大截，这些因素可能就会影响执法。三是司法，如果上市公司出现了内幕交易、虚假陈述等违规行为，能否通过民事诉讼挽回损失？如果缺乏有效的民事诉讼，那中国市场要规范的话，除非证监会特别厉害，执法非常严格，但目前的监管显然还达不到那一步。

我们的立法进展可能超过了执法、司法，证监会颁布了很多通知、条文，但执行得好不好，司法是不是参与了，可以说法院现在在这方面的贡献并不多。如果司法方面不能起到有效作用的话，基础性的制度就无法建好。

一些较大的案件出现后，通常都要接到最高法院的通知，基层的法院才会受理；而有的案件，法院起先并不受理，后来基于舆论和市场的推动，才不得不受理。2002年之前的十年里，证券领域甚至都没有民事诉讼。

美国颁布SOX法案之后，当时的中国证监会也做了一些改革，将SOX法案结合中国的实际情况，制定和推行了许多条款。比如，要求签字审计师在连续五年审计一家公司之后，第六年必须撤换掉。但我个人认为，这些都还是治标的办法。关键的问题在于能否高比例地发现上市公司的财务造假，并给予对应的处罚。

现在的上市公司，总体上造假动机强烈，投资者既不能有效地起诉上市公司，也没有动力揭示上市公司造假，因此一旦买了这个公司的股票，就选择了隐瞒公司的虚假陈述。如果说投资者买了股票，一旦因为公司造假引起亏损，就能够很容易地得到合适的赔偿，那么他就会有动力揭露公司造假。

监管不力或让更多投资者离场

因为资本市场监管力度不够，投资者总有一天会丧失信心。有些人会有疑问：如果说国内的行政执法、司法都不好，那为什么中国股市发展那么快，市场那么大？很显然，这只是阶段性的，老股民被欺骗了，新股民又来，以致有一亿多人开户。如此庞大的投资者规模支撑了资本市场二十年的发展。

长此以往，市场肯定要承担这个代价，从2007年到现在，证券市场（包括基金）一直萎靡不振，大家的投资兴趣也在逐渐降低。

散户投资者离开市场，还有机构投资者，可是机构投资者背后也是很多散户，当基民也继续离开市场的时候，市场该如何运转？最后影响到的是证券市场的融资和资源配置功能。如今已不是当年，不是刺激一下，市场马上就能回暖的年代。

归根结底，根本性的问题还是在于制度框架没有搭建好，而现在做的都还只是小的调整。我们目前的资本市场监管，司法不够好，行政相对比较强势，有太多中国式的监管措施。比如，现在财务报告中，非标的意见减少了，主要原因是因为证监会的监管。证监会的机制是：对于因可以调整而不调整的会计处理拿到非标，就给予停牌，通过这样的方式来引导企业。

如此，企业就不可能完全无动于衷，因为企业想要增发、重组，都需要经过证监会的审批，所以必须按照证监会的导向来。一旦改成注册制，这些管制性的措施突然全部放弃掉，证监会手上没有牌了，就无法约束企业了。

用商业语言解读出海并购

□ 刘　涛/上海交通大学安泰经济与管理学院会计系副教授

近年来，国内企业赴海外收购的热度居高不下。据普华永道统计，国内企业海外并购交易额已从2008年的105亿美元，蹿升至2015年的1115亿美元，仅2016年第一季度的交易额就达1155亿美元，占全球跨国并购总规模的47%（见图1）。

众多企业远渡重洋"买买买"，买品牌、买技术、买专利、买商标……虽然他们买回的"宝贝"各不相同，但究竟买得值不值，性价比如何，就需要通过会计这门学科来进行衡量，因为会计是一种国际通用的商务语言，能将不同要素标准化，客观、直观、权威地加以评估。

买什么：明确战略定位

2016年1月，青岛海尔宣布出价54亿美元收购美国通用电气（GE）的家电

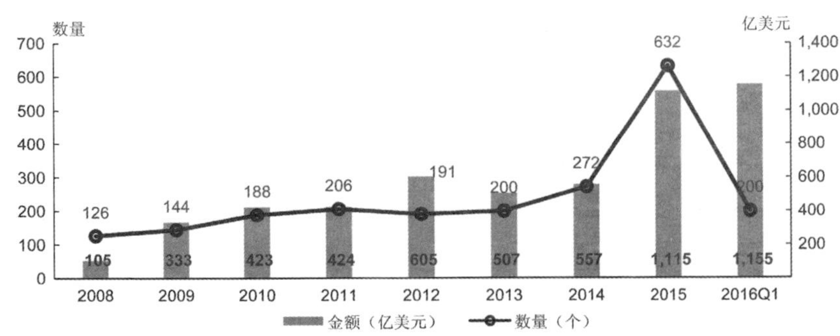

资料来源：普华永道，汤森路透

图1　2008-2016年Q1中国大陆企业海外并购交易

业务。54亿的价格大大高于市场预期，“海尔收购GE”的新闻也赚足了眼球。然而仔细分析就会发现，家电业务仅占GE整体利润的1%，但耗费的资源却很多，再加上GE为适应互联网时代的新要求，正在努力向数字工业、新能源、医疗健康等领域转型，也正因此，才决定出让拥有百余年历史的家电部门。

截至2015年第三季度，GE家电未经审计的账面净资产为18.92亿美元，也就是说，海尔此次收购的花费几乎是其净资产的三倍，市净率（PB）高达300%。

收购企业购买成本，与被收购企业可辨认净资产公允价值之间的差额，在会计学上称为商誉（Goodwill）。这个Goodwill，并不像很多人想的那样，代

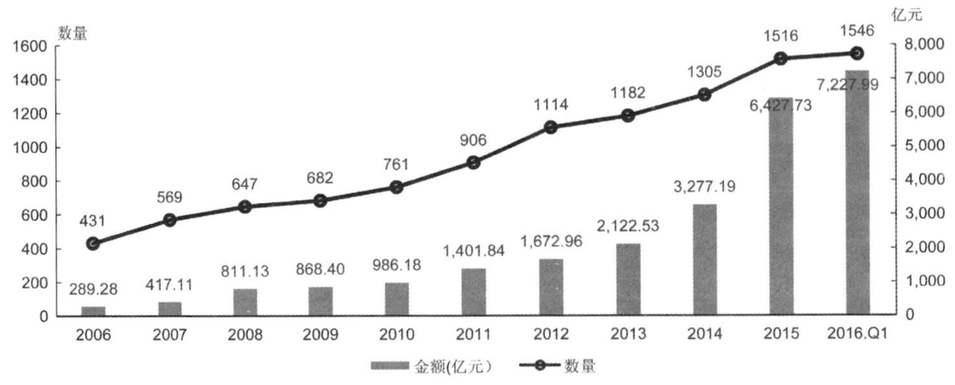

资料来源：Wind数据库

图2　我国A股上市公司商誉变化趋势

表着“美好的希望”，即数字越大，希望越大；恰恰相反，众多兼并收购的案例表明，Goodwill常常是收购企业自己“想得美”。

企业是营利组织，并购的最终目的是为了获利，为了让企业和股东的价值最大化；通俗地讲，就是买回来的东西，要能为企业、为股东赚到钱。以高于市场价的金额进行溢价收购，购入的业务如果不能带来超额的利润，那它就不是为企业获利的资源，而是费用，是不得不由股东来承担的损失。

中国企业出海“血拼”的另一个特点，就是虽然身为收购方，口袋里却没有收购用的钱。2016年上半年，中国化工斥资近430亿美元收购瑞士农化和种子公司先正达，然而中国化工2015年全年亏损8亿多人民币，2015年前三季度资产负债率高达260%，其用于收购的资金几乎都是银行贷款，先正达之所以会同意这笔买卖，很大程度上是看到了中国化工背后的国家支持。中联重科对美国特雷克斯公司的收购计划与之如出一辙，只是最后未能成功。

之所以会产生这种现象，原因之一是中国资本市场的投资者多为散户，很多人没有看过企业的财务报表，也不了解企业的竞争实力，选股靠的常常是所谓的“内部消息”。在欧美市场，收购消息发布后，收购方的股价通常会应声而跌，而被购的一方，由于股东有了套现的机会，股价一般都会上扬。中国的A股市场则正好相反，散户们追逐出海并购的企业，推高了股价，等于是为企业的盲目收购提供了弹药，最终的损失往往由散户自己承担。

所谓“不忘初心，方得始终”，动不动就付出几十倍甚至几百倍的溢价到海外收购，让人笑话“钱多人傻”不谈，还会带来严重的经济和财务后果，财富就这么一去不复返了。在当今全球经济下滑的大背景下，出海并购时究竟选择“买什么”，更是企业需要认真思考的战略问题。

出多少：有实力才能叫价

当下中国企业的海外并购潮，背后有一定的历史原因。过去中国是短缺经济，产品供不应求，加上人民币升值，企业因而开足马力大量生产，填补市场空白，赚取高额回报。而如今，产能过剩，货币贬值，企业的回报也逐渐下降。近年来国家提出的“一带一路”战略和供给侧改革，一定程度上也都是为了提高企业的利润和投资回报率，为企业找到出路。

但无论“一带一路”还是供给侧改革，都是长期的顶层设计，需要一段时间的实施才能见到效果。在国内市场相对封闭，风险不能对冲，短期内又看不到出路的情况下，渴望“突围”的企业将眼光投向海外，寻求跨境收购，也就不足为奇了。

然而跨境收购就好比一桩婚姻，门当户对才能幸福美满。在考虑“出多少才合适”之前，作为收购方的中国企业，首先应该去杠杆、减债务，只有自己实力过硬，在收购时才有谈判的筹码和议价的空间。如果企业负债累累，盈利能力羸弱，恐怕也就只剩下出高价这一种手段了。

怎么付：除了现金还有什么

并购的支付方式一般包括现金、股票和其他资产。

在美国上市的京东，2016年从沃尔玛手中收购1号店时，就采用了股权支付的方法。沃尔玛获得京东新发行的1.45亿A类普通股，约为发行股本总数的5%，而京东将拥有一号商城主要资产，包括“1号店”品牌、网站和APP；同时双方达成深度战略合作，在线上线下多个领域携手出击，共同助力“1号店”的未来发展。这笔交易实际上让沃尔玛成了京东的战略投资人，实现了双方资源的有利整合。

而在中国，由于资本市场尚不成熟，国际化程度不高，上市公司股份发行较为费时，对境外投资者持股比例有一定限制等原因，采用股权支付仍然较为困难，加上中国企业又缺乏专利权等具有吸引力的资产，所以在跨境收购时，几乎无一例外地采用现金支付。不少公司手头上的现金本就不多，资产负债率居高不下，此时若再为了海外收购而向银行借款，势必会背上更加沉重的债务负担。

面对这样的现状，一方面，商业银行在向企业贷款时需要睁大眼睛；另一方面，曾经由于《贷款通则》而受到限制的商业银行资金参与股权投资，已经随着2008年银监会《商业银行并购贷款风险管理指引》的出台而放开，2015年3月，银监会又对《指引》进行修订，进一步放宽并购贷款的适用范围，鼓励商业银行推进相关业务。此外，在目前A股股权显然不能作为支付对价的情况下，企业是否可以尝试先通过并购基金收购目标资产，再通过资产重组注入上市公司的“曲线支付”，又是否为实施这些创新的支付方式做好了准备？

总而言之，企业出海收购，无论买什么、出多少钱，还是用哪种方式支付，最关键的都是要看清自身实力，清楚自身定位，量力而行。

买的过程：注意时机、整合与财务评估

买什么、出多少钱，以及钱怎么付的问题都思考清楚之后，就可以进入具体的购买环节了。在具体购买的过程中，需要注意三点：购买时机、并购完成之后的整合，以及对照企业的战略决策，进行实时财务评估。以下通过两个案例进行说明。

2010年，浙江吉利花费近18亿美元收购沃尔沃汽车。18亿美元在当时并不是小数目，但今天再用财务指标来评估就会发现，这个价格是相对合适的，这次并购也是比较成功的。

当时，归属福特的沃尔沃深陷亏损泥潭，而刚刚熬过经济危机的福特，也实在无力负担沃尔沃这个包袱，于是“中国穷小子”吉利，在政府的资金支持下，把“骄傲的瑞典公主”沃尔沃娶回了家。

企业进行并购，最终的目的是盈利，但在为股东赚取利益的同时，也必须相应考虑为获取利润而消耗的资源。因而会计学上用净资产收益率，也就是净利润与净资产的比值来评估这个问题，并衡量企业的整合价值。

吉利虽然是一家成立时间不长（2016年刚满三十年）的地方车企，最初生产的也主要是中低端车型，但公司净资产收益率大多高于行业平均水平，主营业务收入和净利润也大致呈现增长趋势。收购沃尔沃之后，吉利取长补短，将研发留在瑞典，把供应链放到中国；同时尊重和保留了沃尔沃八十多年的品牌历史和企业制度，对业务、文化和组织进行有机整合，在最初几年的磕磕

绊绊之后，迎来了今天的可喜局面，其资产负债率从并购完成后63.21%的峰值，逐渐回落到相对正常的水平（见图3）；2015年净利润达到22.61亿元，同比增长近六成，现金流量也上升至4.19（见图4）。

而联想对摩托罗拉的收购，却让自己背上了沉重的包袱。遥想2005年，联想买下IBM个人电脑业务时，PC尚未成为国人必备的电子产品，且后者的ThinkPad还是全球领先的知名品牌；可到了并购摩托罗拉的2014年，手机几乎已是谁也离不开的“神器”，此时再购入一家已经不复往日辉煌的移动设备生产商，在时机的选择上值得商榷。

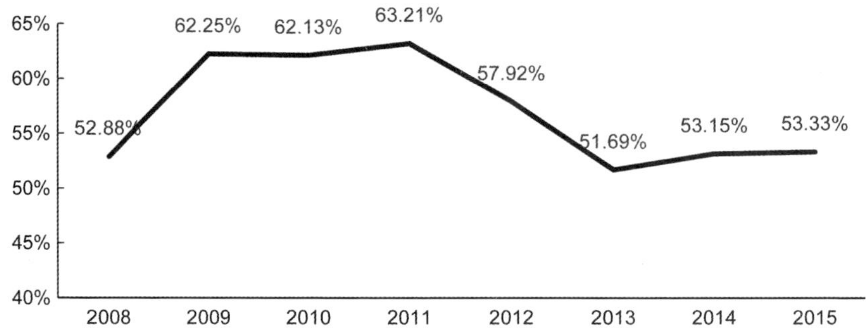

注：汽车行业资产负债率维持在50%左右较为理想

资料来源：同花顺数据库

图3　吉利汽车资产负债率

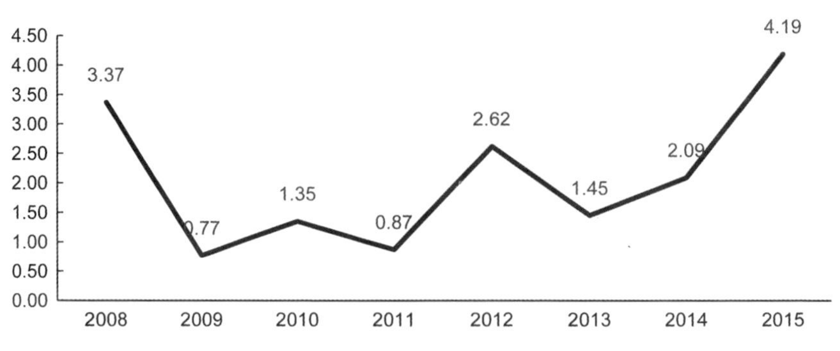

资料来源：Wind数据库

图4　吉利汽车经营活动产生的现金流量净额/经营活动净收益

这笔收购究竟成功与否，同样可以通过财务指标来一探究竟。联想的业绩报告显示，集团2015年亏损1.28亿美元，就连掌门人自己也坦承，主要原因之一，就是2014年收购摩托罗拉时背上了巨额债务。收购完成后，联想的净资产收益率在2015财年一下子跌到了-3.62%（见图5），营业收入也出现下滑（见图6），净利润从上一财年的净赚8.29亿美元，变成了净亏1.28亿（见图7），本就高企的资产负债率继续上扬，再加上用于收购摩托罗拉的29亿美元都是来自贷款，未来还有高昂的贷款利息需要支付。

2011年，谷歌对摩托罗拉的收购价是125亿美元，时隔三年，只花29亿就转手卖给了联想，这笔交易看似“物美价廉”，但摩托罗拉移动的大部分专利仍归谷歌所有，联想仅获得了两千项专利授权，和一个历经谷歌“裁剪”、核

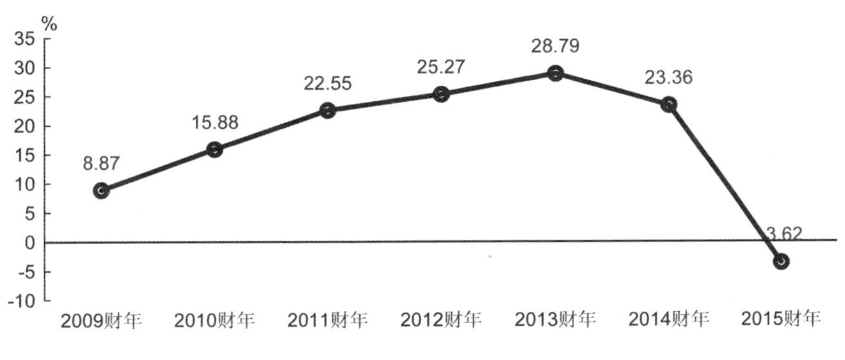

资料来源：Wind数据库

图5　联想集团净资产收益率分析

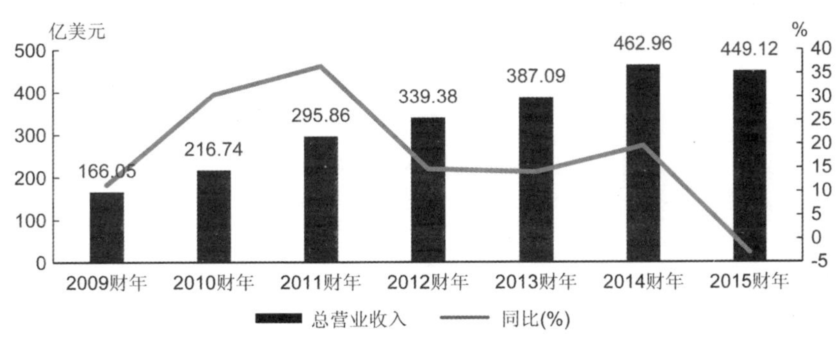

资料来源：Wind数据库

图6　联想集团营业收入分析

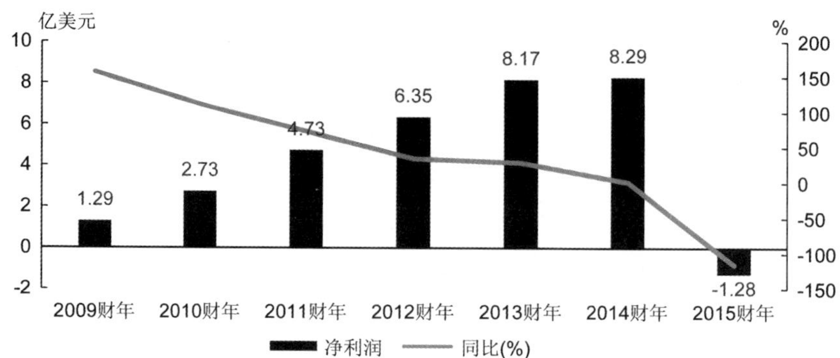

资料来源：Wind数据库

图7　联想集团净利润分析

心高管离职，几乎只剩下空壳的企业。对于现阶段的中国企业而言，与其寄希望于通过并购，在短时间内迅速获得大量专利，倒不如踏踏实实，坚持投入，培养和提升自身的研发实力。

也许有人会说，现在亏损没关系，给我一点时间，一定能扭亏为盈。但是每一个行业，每一家企业，都有属于自己的生命周期，不可能无限期地等下去，所以并购之后的财务评估必不可少。

企业组织不能只是仰望远方，更要低头三思，脚踏实地。在跨海并购之前，一定要先武装好自己，不要盲目地出阵，买什么、出多少钱、如何支付，以及购买过程中要注意什么，都需要用会计这门商业的语言来进行解读和评判，方能切其脉，得其道。

环境治理的经济学分析

□ 黄少卿/上海交通大学安泰经济与管理学院应用经济系副教授

经济学是理解环境问题的重要视角

经济学理论作为一个重要视角和分析框架，能够帮助我们更好地理解环境保护和节能减排。经济学一般认为，环境是一种生产要素，是经济发展的投入品。经济发展和环境保护之间存在替代关系，山清水秀时，经济不发达；但经济发展了，就要付出环境代价。从经济学角度来讲，在发展经济和保护环境两者之间，必须要做权衡取舍（Tradeoff），其中涉及到很多需要计算的问题。

过去，我们也许并不认为这个问题有多重要，那是因为在经济发展的早期，环境的破坏或者环境的代价还相对比较小，空气污染还没有这么严重，水质污染也没有像今天这般可怕。我们觉得自己能够承受环境的代价，但是现在

---

* 原文发表于2016年1月26日《东方早报》安泰问政栏目。

雾霾、水污染和土壤污染，已经发展成为一种公共忧虑，我们开始担心它会威胁到我们的生命和健康安全。

对于经济发展和环境代价之间的替代关系，我们应该怎么来权衡或评估呢？如果环境代价超过了某个水平，我们就应该重视对环境的治理，因为即便付出治理成本也是划算的。对此，美国学者做了大量相关的研究。在美国有一个非常著名的研究，专门讨论空气污染所带来的社会福利损失问题，这个研究跟踪了六个城市二十年的环境变化，然后测算环境变化对这六个城市居民寿命的影响。研究结果发现，问题是很严重的。以PM2.5为例，每一立方米上升10微克，其对健康的影响相当于这个城市的居民寿命平均减少0.61年。这六个城市中，空气较好和较差的城市之间，居民的寿命差距可以达到两三年。糟糕的空气带来的健康威胁就像癌症一样严重，其对社会福利的影响可想而知。因为寿命的减少是有经济成本的，后来，有人做了专门的指标，来衡量这个经济成本，即因环境污染引发的疾病会减少全社会的人均寿命，最终导致GDP损失。如果消耗环境所创造的GDP还赶不上损失的GDP，那就意味着我们对环境的利用过度了。

应用环境经济学测算环境治理的成本和收益

今天的中国，为了更好地权衡经济发展和环境保护，我们需要开展更多的环境经济学研究。譬如，当前如此严重的、持续的大范围雾霾，究竟给居民的寿命和健康带来了怎样的损害？目前国内似乎还没有研究进行具体的测算。这种损害，给我们整个社会带来了相当于多少GDP的损失，似乎也还没有一个准确的答案。如果我们能对此加以测算，以此为依据向政府提出是否应该加大环境治理投入的建议，这将是非常有价值的。

从经济学的角度来讲，讨论财政对环境治理的投入，最基本的前提是要做投入产出的成本-收入分析，计算环境治理投入的回报率。2007年，美国学者算过一笔账，他们发现，环境治理投入是现在美国联邦政府所有投入中回报率最高的一项。过去十年，美国联邦政府平均每年为环境治理拨款73亿美元。而研究结果表明，每年的回报资金介于188亿和1674亿美元之间，资金额最低的年份回报率是2倍多；最高的年份回报率居然高达20多倍。如果我们对中国的环境治理成本和收益做一个估算和比较的话，结果可能是——当前中国的环境治理投资是公共部门非常值得去做的事情。我认为，对于是否应该对环境治理进行投资，投资多少这些问题，地方政府不可以忽视，中央政府更不可以忽视。

环境问题是一个政治经济学问题

环境问题也是政治经济学问题，不仅是有关雾霾的研究，整个环境问题，都是政治经济学问题。为什么是政治经济学问题？我们在经济活动当中，环境污染会带来负外部性。有人利用环境这个公共资源创造了私人收入，却不必为其带来的环境破坏承担代价，因为环境代价被转嫁给了他人。由于市场机制无法处理负外部性问题，这就要求政府必须参与到环境治理中来。问题的复杂性在于，环境治理离不开政府的参与，但是有时候政府本身就是环境问题的根源，治理环境首先必须改善对政府自身的治理。

目前，中国很多地区都在竞相上高污染项目，发展高污染产业。《人民日报》发表的一篇文章指出，京津冀地区仅占全国国土面积的2.25%，而其GDP占全国总量的比重却超过了10%，产生的环境污染则达到了承载能力的2倍。为什么会发生这种事情？我们明明知道许多产业的发展会给社会带来巨大代价，可是这样的经济活动却仍在继续。像河北上了那么多的钢铁项目，因炼钢耗水，而华北缺水，所以只能从地下抽取水源，抽空了再把废水灌下去，严重破坏了环境。这些钢铁企业为什么能够生存？显然，它们并没有把对社会造成的负面影响纳入到经济成本的核算当中，它们不需要为此付出代价。

在这样的GDP创造过程中，政府拿到了税收，企业的投资者得到了利润，可是普通工人只能拿到工资。因为企业生产的收益集中在一部分人手里，而所造成的污染代价却要由全社会成员来共同承担，这里面就会产生再分配效应。如果政府不对环境治理进行投资，只拿到普通工资收入的家庭，在这个再分配过程中就会成为受损者。譬如说，由于雾霾等严重的空气污染现象，越来越多的家庭就不得不安装空气净化器。本来清洁的空气作为公共资源，是这个国家的每一个公民应当享受的。现在却不是了，清洁空气变成私有品，谁掏了钱装了净化器，谁才能享受清洁的空气。不掏钱的人，只能暴露在高浓度的PM2.5之下。当然，从GDP中得到更大份额的人，他们不在乎，因为他们从经济增长中的受益，远远超过了装净化器的成本。可是对普通家庭来讲，他们要在家里多安装几台空气净化器，也许这部分支出就占了工资收入的很大一块。如果受污染的空气让这些家庭成员的健康受损，那他们还要付出医疗甚至是寿命的成本。

这些问题我们都要去研究，如果有医院数据的话，我们就可以分析，空气污染导致哪个社会阶层的家庭成员生病更多？是中低收入者，还是更高收入阶层的人？高收入阶层的人因为有更大的经济能力保护自己，也许PM2.5对他们的健康影响就小；而中低收入者由于不舍得花钱买空气净化器，选择“扛一扛”。但“扛一扛”，身体就容易生病，中低收入群体也就会付出更多的健康和经济代价。当然，这只是一个假说，需要寻找经验数据来进行验证分析。

那么，环境污染的社会成本到底有多大？是哪些社会成员在承担这个成本？投资环境治理，我们需要付出多大的投入？能得到多大的收益……这些方面的很多研究，都值得我们去做。

总之，环境经济层面的评价、环境污染对不同家庭健康的影响，以及治理环境所能带来的经济价值的提高，都需要来自各个领域的学者去做更扎实的研究工作。如果这些问题研究透彻了，得到了比较可靠的结论，那么将对提升政府治理水平有非常大的帮助。

第三篇

管理层面的艺术解读

领导力：可培养还是与生俱来

□周　林/上海交通大学安泰经济与管理学院经济系教授

谈及领导力，我脑海中最先想到的企业家是帮助IBM成功转型的路易斯·郭士纳。20世纪90年代，当IT业发生了日新月异的变化时，“蓝色巨人”IBM也遇到了不断的困扰，到了濒临破产的边缘。这时空降到IBM的新CEO路易斯·郭士纳，通过一系列战略改革，将IBM从产品为主的公司，转型成为一个提供高价值服务的公司，使其实现了复兴。

在新经济模式频出的今天，中国的传统企业也面临着转型的问题，中国企业家需要怎样的领导力？中国成功的企业家走出国门时，又需要怎样的领导力变革？而商学院，还能继续提供智力支持来推动领导力变革吗？

---

* 原文发表于2016年01月14日《第一财经日报》管理版。

领导力的三大要素

孔子《论语》有云："取乎其上，得乎其中；取乎其中，得乎其下；取乎其下，则无所得矣。"意思是说，只有志存高远，并且努力奋斗，才有可能登峰造极。

在我看来，对于领导力，第一重要的便是"取乎其上"的愿景，要有一个使你的同事都感到非常振奋的未来愿景，特别是传统产业，面临商业模式变化的快速时期；第二，领导力是怎么激励你的同事，使他们更加有激情与有效率地工作；第三，如何能够带动你的同事找到和建设一支有执行力的队伍。

把工作做好，这只是一个经理人。像马云这样，对未来拥有非凡的洞察力，是所有的成功企业家所必需的。当然，中国现在这样的企业家非常多，比如联想控股的柳传志，将联想这个中国硬件公司，发展成为全球IT领域诸多方面首屈一指的企业；招商银行的马蔚华，基于伟大愿景，冲破既有的格局，在国有银行垄断的情况下，将招行发展成为全球重要的金融机构。此类案例不胜枚举。

现在中国经济的发展速度放缓，很多企业也在谋求转型，越是困难时期，越是要看到领导力的重要性。到了转型期，转型到哪里，在原来不熟悉的经济模式下，在充满不确定因素、具有挑战性的环境中，对于未来的愿景非常重要。同时，使你的团队、员工、同事都能够相信你，跟你一起努力，这就是领导力的体现。

新经济下，不管在中国还是在美国都崛起了一批企业家，这些企业家对领导力愿景的要求比传统企业家要求更高，因为其面临的未来都没有一个很确定的图像，很多蓝图要靠企业家自己去想象，然后自己去创造，把未来变成现实，才能够成功。

中国特色领导力

中国有特色的传统家族观念，老一辈企业家把企业当作自己家人的一部分，招募的员工很多都是来自于自己的家乡。

在全球化的背景下，这种企业家族观，有人会觉得比较狭隘，但它也有自己的优势，像中国各地的商会，如晋商、浙商，通过这些商帮形式，帮助企业发展，还是有不少东方的特色的。

值得注意的是，很多家族企业开创的公司最后上市了，变成一个公众公司，但实际上还是有很强的家族烙印。比如李嘉诚的长江集团，基本上还是一个家族企业。如果家族企业中有一个非常具有领导力的领袖，往往能够比较有效地达到一些变革，但是在成为一个真正的公众公司后，上述变革可能存在难度。

现在有很多在国内获得了成功的民营企业走向世界，但是当它们到国外投资时，在国内形成的领导力却往往不能适应新的环境。

中国的经营环境的特点，包括中国人的勤奋，在很多其他国家可能存在不同的价值观，如，他们对于工作和生活的平衡方面的掌握和中国人就不一样，要驱动这些国家的员工，可能要通过不同的手段。希望通过自己勤奋工作，身体力行的方式做榜样可能行不通。所以，有一些在中国行之有效的成功经验和领导力到了不同的文化、不同的法律环境里，还是要随着当地的情况来进行调整。根据环境的变化来调整企业运营的方式，其实也是领导力很重要的部分。

可培养还是与生俱来

“领导力”被认为是商学院里很重要的教育话题之一，但是在美国硅谷或是在中国的互联网公司里，很多企业家并不太重视商学院的教育，甚至有人认为，商学院的一些教育反而会影响在高科技公司里面的创业。

那么，领导力是可以被培养出来的，还是一种与生俱来的素质?

领导力既有天生的“基因”，又有后天可培养的部分。完全通过商学院的教育，就能使一个人从没有领导力脱胎换骨到具有领导力，或者领导力水平提升很多，并不容易。在美国硅谷，或者在国内很多互联网公司，很多人连大学也未读完就去创业并取得成功，这些人的确天生就具有领导力的气质。对他们来说，短期内可能并不需要商学院的教育，但是在业界打拼的职场人士，商学院的教育对于改善他们领导的风格、增强他们的领导力，应该是有一定帮助的。

商学院教育过去比较重视技能，更多地侧重于金融、会计、营销、人力资源管理等较为具体的课程，现在大家也认识到，要培养经理人，这些基本的商业知识技能还是很重要的，但是如果要培养真正的企业家，就要给他们更多战略的思维和思考。当然，领导力也是很重要的部分，所以各个商学院都在不断增加这方面的内容。

你幸福吗

□ 唐宁玉/上海交通大学安泰经济与管理学院组织管理系教授

前一阵，央视的一档节目引起了大家的广泛关注。围绕“你幸福吗”的话题，记者在大街上寻访普通人，结果得到了很多不同的回答：有人说“我不姓福，我姓曾”；有人说“幸福就是快乐，幸福不光是挣钱。一家人在一起就是幸福，不是吗？”当问到2012年诺贝尔文学奖得主莫言这个问题时，他给出的第一个答案是“我不知道”。在记者的追问下，他接着说“幸福就是什么都不想，一切都放下，身体健康，精神没有任何压力才幸福。我现在压力很大，忧虑重重，能幸福吗？”这个节目让我想起了我和同事在过去几年时间里所做的一些有关幸福学的研究，以及我们去年写的有关幸福学研究进展的报告。在我看来，对“你幸福吗”这个简单问题的不同回答彰显出人们对幸福的理解，包含了“幸福是什么”“怎样才幸福”等问题，而访谈本身则让我们思考究竟

* 原文发表于2012年上海交通大学新闻网“学者笔谈”栏目。

如何才能测量幸福。

幸福是什么

纵观历史和当代研究，我们可以看到，对“幸福是什么”的理解大致可分为两种：一种关注客观状态，即到达何种境况就意味着幸福了；一种更为关注主观体验。

亚里士多德在其著作《尼各马科伦理学》中写道：“人们可以获得的物质的最高境界是幸福。”另外一名先哲伊壁鸠鲁则说：“幸福生活是我们天生的善，我们的一切取舍都从快乐出发，我们的最终目标乃是得到快乐。”相比西方较为抽象化地描述幸福的状态，我国早期对幸福的阐述更为具体，如为大家所熟知的“五福”。所谓五福，《尚书》记载，“一曰寿、二曰富、三曰康宁、四曰攸好德、五曰考终命”，意即福寿绵长、钱财富足、心身康宁、仁善宽厚、善始善终。此后，桓谭在《新论》中述道：“五福：寿、富、贵、安乐、子孙众多。”唐代陈子昂则有“家膺五福，堂享三寿”之语。与西方将幸福作为物质境界的升华相比，我国古代有关幸福的概念中则兼具物质和精神状态。这种看法似乎还在影响着我们。“一家人在一起就是幸福”和电影《宝莲灯》中“和妈妈在一起就是幸福”一样描述的就是一种“安乐、子孙众多”的幸福状态，而莫言所说的“什么都不想”则是一种精神上的幸福状态，这无形中也与他多年前在其小说《白狗秋千架》中描写的“轻松、满足是构成幸福的要素”相一致。

莫言的回答也让我们看到，幸福状态是通过个体的感受体现出来的。目前中外研究者更从主观角度认识幸福，很多研究者认为幸福就是幸福感，是人们对幸福的主观感受和体验，是一种满足的感觉，广义地说，幸福是个体对生活的积极性和满意程度。这种对幸福的看法有几个要点：一是幸福是一种主观的心理体验，基于感受主体的价值体系和标准，而不是基于他人的标准；二是即便是同样的客观状态，个体的感受可能也不同，幸福感就会有差异；三是我们感知到的别人的幸福不一定和他／她自己的认识一致。我们觉得他／她应该很幸福了，但其实未必。我们通常也把这种幸福感称为“主观幸福感”，即“个体根据自定的标准对其生活质量的总体评估，它是衡量个体生活质量的重要的综合性心理指标”。现在一般认为主观幸福感包含生活满意度和情感体验两个基本成分。生活满意度是个体对生活总体质量的认知评价，也是主观幸福感的关键指标。从认知评价角度界定主观幸福感，认为主观幸福感就是人们对自身生活满意程度的认知评价；情感体验包括积极情感（愉快、轻松等）和消极情感（抑郁、焦虑、紧张等），两者相对独立，其影响因素并不相同。而从情感体验角度界定主观幸福感，就认为主观幸福感是当前正性情绪和负性情绪平衡的结果，也即如果个体体验到较少的负性情感和较多的正性情感，感觉就是幸福的。

显然，个体的主观感受和客观状态是有关的，客观状态提供了是否可以感受到幸福的平台，而不同个体的不同认知评价和情绪体验决定着其感知到的幸福程度高低。

怎样才幸福

我们始终前行在追求幸福的道路上，但到底怎么样才能更幸福呢？美国学者Warner Wilson在1967年发表了题为《Correlates of avowed happiness》的文章，在这篇文章中，他描绘了“幸福”的人的主要特征：具有高自尊、高度的职业道德感和中等愿望的年轻健康、高素质、收入丰厚、外向乐观、没有烦恼、有信仰的已婚人群，而这些特征和性别、智力程度无关。这篇文章被认为开启了真正意义上的幸福研究的先河。这个研究也揭示着多种不同的因素如财富水平、个体特征等会影响着人们的幸福或幸福感。

以往经济学家认为，个体财富越多，其选择的自由就越大，个体获得最大化幸福的资源的可能性就越大。那么，是否物质财富增加必然导致人们的幸福增加？国内外的实证结果表明，财富与人们幸福感之间的关系是复杂的。在个体层面，在一个社会中越富有的个体相对贫穷的个体来说通常会更幸福，这在国外和我国都得到了证实。但有趣的是，幸福感和社会财富水平之间的关系更为复杂。学者Easterlin发现，从1945年起，欧美国家的幸福感水平并没有随着收入水平的增加而增加，有时甚至是降低的。这就是著名的“Easterlin悖论”。它揭示了经济发展和幸福感之间并不总是直线关系，有时甚至是负的关系。研究发现，尽管美国的GDP在过去有了长足的增加，但美国国民的幸福感水平并没有显著增加。我们对有关中国财富水平和幸福感之间的关系的研究进行了汇总，也发现这两者之间的关系并不显著。

这背后的原因可以用个体幸福感的获得机制来解释。个体幸福感的比较对象（参照点）可以是自身，比如自身现状（例如，现在的财富水平和现有的健康状况等）、个体期望和个体目标等。Easterlin的实证研究发现，人们的欲望随着收入的增加而增加。由于这一点常常被人们所忽略，使得人们总是预测5年后他们会比现在更幸福。个体幸福感的比较对象还可以是他人，主观幸福感会受到社会比较的影响，在一个社会或同一时代中，有钱人通常比穷人开心；而在彼此隔绝的两个社会或两个时代中，社会比较受阻，因此富社会的人并不比穷社会的人开心，新时代的人并不比旧时代的人幸福。不少学者认为，真正决定幸福感的，不是绝对的消费水平，而是相对于他人的消费地位。虽然生活水平提高了，可是贫富差距也加大了；绝对消费水平增加了，可是相对消费水平反而下降了，这样就不难理解为什么社会财富水平增加了，而人们的幸福感却并没有明显提升。但如果真是这样的话，是否意味着社会越发展，人们就越不幸福？有没有什么办法使得人们更幸福？

我们来看一个关于房子的例子。是否换到大房子一定会更幸福？答案是不一定的。这和房子对你来说的属性有关。如果你从一个很小的一家三口合住的10平方米的房子换到90平方米的三室一厅的房子，会比你从300平方米的别墅换到350平方米的别墅要更幸福。这可以用芝加哥大学的奚恺元教授提出的内在可评估性原理来解释。内在可评估性指的是在没有其他参照物或从来没有被人们学习和认识的情况下，不同数量或质量的事物能够引起个体主观感受的程度。按照内在可评估性的不同，奚恺元等提出将外部因素分为内在可评估性高的A类事物和内在可评估性低的B类事物。A类事物是指那些不需要任何其他参照信息，其数量和质量的不同便能引起不同主观感受的事物，比如饮食、冷热、睡眠时间等。对B类事物而言，情况就不同，在没有对比信息的情况下，个体难以对其好坏程度作出较为准确的评判。在没有对比之前，人们无法准确地感觉这些事物给人的影响，比如珠宝、高档汽车、高级别墅等事物。在上述例子中，90平方米的房子对于大多数人来说都有着A类事物的特点，而350平方米的别墅则为B类事物。因此，要让人们得到持续的幸福感的话，应尽量发展具有内在可评估性高的产品，比如将人们搬迁到郊区更大的房子，配套交通和设施的改善将有助于人们获得更为持续的幸福感。个体在追求幸福的过程中，也应该更为关注那些具有内在可评估性高的事物，奢侈品固然可以让人获得短暂的幸福，但并不持续，而那些人们生活中不可或缺的事物带来的幸福感反而会更持久。

接着说房子。入住90平方米的房子一段时间后，人们可能会发现不如刚搬进去时幸福。这里面原因种种，但重要的一点是，大房子带来的幸福感比较容易被适应，而相比之下，由于换了大房子而产生的上下班交通的不便带来的不愉快感可能就没有那么容易适应了，因为每天上下班都可能碰到这样或那样不开心的事情。这又和事物的另一属性“情感适应性”有关。中彩票得巨奖之后的幸福感水平会上升很快，但没过多久就会下降到之前的水平就是这个道理。从这个角度来说，我们要尽量去发展那些抗情感适应性，并能让人们感受到幸福的事物，而减少那些抗情感适应，并导致人们烦恼的事物，比如大多数人对日出日落的自然之美都不会厌倦，它们所带来的幸福感会更持久。

上述两个效应其实都涉及比较，幸福也确实和比较有关。为了更幸福，还应该做合理比较，有时候“阿Q精神”和“比上不足，比下有余”的心态会让我们更幸福。从这点出发，我们鼓励财富水平相对高的个体更多了解财富水平相对低的人的生活，这样也更易获得幸福感。

这样看来，虽然财富不能让人们更幸福，但是社会的合理引导、人们正确消费和合理比较还是可以帮助人们提升幸福感的。

幸福也和个体特征有关。DeNeve和Cooper对148个相关研究的分析表明，在137种与主观幸福感有关的人格特征中，相关度最大的是信任、情绪稳定性、机遇-控制点、顽强、积极情感、内向性、自尊等。其中，压抑的防御性、紧张、机遇-控制点与幸福感的缺乏有关，顽强、控制需求、信任和积极归因与幸福感的增加有关。这些结果充分反应了人格变量与幸福感的复杂关系。近年来，在研究人格变量对幸福感的影响过程中，人们将研究焦点更多地放在积极性格方面。通过对40多个国家不同年龄和宗教信仰的人群样本的研究，积极心理学家得出跨文化的结论是：虽然美德在不同文化和宗教中的表现，在人们看来不尽相同，但实质上却殊途同归，睿智、英勇、仁慈、公正、自制和超脱是人类共有的、最为核心的积极心理特征，而和平和愉悦也几乎是所有宗教所追求的境界。从这个角度出发，关注自身修炼，提升自我品格将有助于人们体会到幸福感，而这也诚如我国古人所云“平生高尚，五福自然全”。

如何测量幸福

对幸福的度量源于伦理学和经济学。早在2400多年前，古希腊哲学家柏拉图就曾经用一种独特的方法测出，王者的生活比独裁者的生活快乐729倍。近年来，研究者发展了多种幸福感测量工具，其测量随着理论的深入而不断发展和成熟。

对于幸福感的测量，大多集中于对主观幸福感的测量，主要有主观和客观两大类方法。主观方法中最常用的是主观报告法，即由个体自身报告幸福程度，在20世纪80年代以前，大多数相关研究采用单条目自陈量表（Single item Self-report Subjective Well-being Scale，SISRSWBS）。比如，在世界价值观调查（world values survey）中，全世界81个国家的被访者要回答“总的来说，这些日子你对生活满意吗”的问题。央视节目采用的是类似于单条目调查。但是，有时候这类问题可能会让受访者不知如何回答，特别是当我们直接用“幸福”这个较为学术化的词眼时，故莫言答“我不知道”也在情理之中。在访谈中如果用“你开心吗”“今天你感觉怎么样”这类问话，可能会更好地引起人们对幸福感的反应。

客观测量主要是对人们的生理反应和行为进行测量。当人们处在积极情感或消极情感中，会伴有一定的生理反应。这样，研究者可以根据受试者的生理指标如心律、心动加速率、血压、体温、呼吸频率、皮肤导电系数来判断受试者的情绪。考虑到心理现象由客观刺激所引起，并通过个体内部的一系列生理心理的变化而表现在行为上，因此，社会互动以及其他自然情境中的行为反应和幸福之间有一定联系。通过观察这些行为反应可以衡量一个人的幸福程度，特别是在人们故意隐瞒自己的真实情感时。

主观幸福感是个体对幸福的知觉，因此决定了主观测量也是最主要的研究方法。但它的缺点也在于无法控制社会赞许、记忆偏差、预测偏差等各种认知因素的干扰。因此，主观、客观幸福测量方法的科学整合将是对幸福感测量的未来发展趋势。举个简单的例子来说，如果吃火锅可以让人感到幸福，想要了解吃火锅的幸福感，我们既可以通过问卷形式让其报告吃火锅的快乐程度，也可以用医学仪器测量其心跳、血压等生理指标，还可以观察其吃火锅的速度和数量。这样我们或许可以得到更为全面的有关幸福的测量。

企业社会责任的五大误区

□ 周祖城/上海交通大学安泰经济与管理学院组织管理系教授

在过去的十几年中，对我国企业来说，一个令人瞩目的变化就是企业社会责任从默默无闻变为了热门话题。2002年以前，只有极少数人在讨论企业社会责任，此后，情形却发生了急剧变化，在短短几年间，企业社会责任受到了企业界、学术界、政府、公众的广泛关注；企业社会责任论坛层出不穷；企业社会责任标准、指引纷纷出台；企业社会责任评选有声有色；企业社会责任活动广泛开展；企业社会责任报告数量大幅增加……

然而，在轰轰烈烈的活动背后，企业社会责任究竟指什么，这个问题一直令人困扰，以至于出现了种种片面的理解。如果对于企业社会责任的片面理解不予以澄清，企业社会责任观念就不可能得以真正树立，企业社会责任实践就不可能持续有效地推进。

---

* 原文发表于2012年07月5日《第一财经日报》管理版。

关于对企业社会责任的理解，典型地存在以下五种认识误区：

误区一：因为履行社会责任对企业有利，所以企业应当履行社会责任

虽然，企业在履行企业社会责任时权衡得失，这无可厚非，但是，把企业是否应当履行社会责任，纯粹看作是一种利益的权衡，这是片面的。

是否应当履行企业社会责任，不是对单个企业是否有利作为依据的，而是由相关各方的权利义务关系和相关各方的共同利益决定的。举例来说，父母对子女有抚养教育的责任；子女对父母有赡养扶助的责任。但是，父母有抚养教育孩子的责任，不是因为这样做对父母有利。尽管孩子培养教育得好，确实对父母有利，但这是履行责任带来的结果，而不是应当履行责任的理由。子女赡养父母，也不是因为这样做对子女自身有利，尽管那样做往往能带来家庭关系融洽，有助于子女成长，但这同样也是履行责任带来的结果，而不是应当履行责任的理由。之所以要对父母和子女提出各自的责任要求，是由父母和子女各自的权利决定的，也是因为这样的责任要求对父母和子女、乃至家庭和社会，是有益的。同样道理，企业社会责任是由企业和社会之间的权利义务关系决定的，是包括企业在内的社会共同利益决定的。

需要说明的是，不是说不能把履行社会责任与企业经济利益结合起来；而是说，仅仅根据企业经济利益的得失来决定是否应当履行企业社会责任是不对的。正确的做法是：首先把企业社会责任理解为一种责任，尤其是底线责任，它是企业应尽的义务，即使没有回报，即使眼前利益受损，也应当履行；然后，努力把履行社会责任与企业发展结合起来。

误区二：企业生存下去就履行了基本的社会责任

有人认为，企业能生存下去，至少能提供就业，上交税收，这就履行了基本的社会责任。这是一种似是而非的说法。企业社会责任关心的不只是企业做了什么该做的，还包括什么该做而没有做的，以及做了什么不该做的。提供

就业，上交税收，固然是企业该做的，但是，如果以欺骗顾客的方式获得了订单，如果通过面对严重的环境污染不加治理、恶劣的工作条件不加改善的方式来降低成本的话，这样的企业即使生存下来了，也不能说达到了基本的社会责任要求，因为做了不该做的事情。

也有人认为，就如人的生存是第一位的一样，企业的生存也是。殊不知企业的生存与人的生存有一个根本的区别：人的生存本身是目的，企业的生存本身不是目的，而是手段。企业是为社会的繁荣进步、人的全面发展而存在的。当一个企业的存在不是促进而是妨碍社会的繁荣进步、人的全面发展时，生存下去就不是在履行社会责任。

还有人认为，如果不负责任的企业也能生存下去，那是政府监管出了问题，要改变的是政府监管，而不是要求企业履行责任，企业仍然只要追求生存就可以了。诚然，不负责任的企业能生存下去，政府有责任；但是，市场总是不完善的，政府监管和舆论监督也总是有局限的。所以，仅仅靠政府监管、舆论监管等外部约束是不够的，还需要企业自觉地考虑其一举一动对利益相关者和社会的影响，并尽可能产生积极的影响，减少消极的影响。事实上，“企业只要追求利润最大化就可以了，其他事情应该由政府去管”的观念正是企业社会责任观念所要反对的。换句话说，正是因为有这种错误观念存在，才需要引入企业社会责任观念。

误区三：企业社会责任是企业发展以后才需要履行的责任

一般而言，企业发展以后，对利益相关者和社会的影响力增大，而影响力越大，责任也相应地越大；企业发展以后，开展经营活动的自由度增大，而自由度越大，责任也相应地越大。也就是说，在不同的发展阶段，企业社会责任的内涵、大小会有所差异。

但是，不能因此认为企业发展以后才需要履行社会责任。难道在初创时或者在经营困难时，生产假冒伪劣产品是可以接受的吗？其实，无论在企业经营的什么阶段，无论是盈利还是亏损，有一些基本的责任总是需要履行的。

稍加分析就能发现，“企业社会责任是企业发展以后才需要履行的责任”的认识背后，是把企业社会责任等同于公益活动或企业慈善。虽然可以把公益活动或企业慈善看作是企业社会责任的一部分，但它不是企业社会责任的主要内容，更不是全部内容。毕竟，一个企业通过不当方式牟取利益，然后拿出钱来从事公益活动或企业慈善，我们仍然不会认为这样的企业是负责任的。

企业一旦成立，就存在企业与利益相关者和社会的权利责任关系。相应地，就存在企业对利益相关者的责任，对社会的责任。因此说，企业社会责任是企业与生俱来的责任，而且，履行企业社会责任应该体现在企业日常经营活动之中。

误区四：不违法就达到了社会责任的底线要求

虽然法律往往是行为底线，但行为底线不应当完全由法律规定。这是因为，法律不可能面面俱到，而且不可避免地会有滞后的现象，所以会出现不违反字面上的法律条文，但明显损害利益相关者的正当权益和社会整体利益的情形。有些网络游戏宣扬金钱万能、强权至上的价值观，而且通过一些营销手段使人欲罢不能，沉迷其中。虽然未必违反法律条文，但不能说达到了行为底线要求。还有，即使法律做了规定，也并不都是值得接受的行为底线。在南非，在20世纪80年代以前，法律规定实行种族隔离政策，但这种规定显然并不能为现代理性人所接受。

事实上，公众在评判一个企业时，往往也不是从是否合法来衡量的，而是以心目中的行为底线来衡量的。比如，当年南京冠生园用陈馅做月饼，并没有明显违反法律条文，却受到舆论的批评和公众的谴责，最后导致企业破产。

何况，如果不违法就无可指责了，那么，引入企业社会责任观念就变得多此一举了。企业经营过程中要遵守法律，早在企业社会责任观念提出之前就已得到普遍认可，何必需要通过引入企业社会责任观念来强调企业应当守法呢？

误区五：伦理、道德是超越底线责任的要求

有人认为伦理、道德是超越底线的要求，这种认识是片面的。2010年10月，国际标准化组织发布了社会责任国际标准（ISO26000），该标准对社会责任的定义是：通过透明和道德行为，组织为其决策和活动给社会和环境带来的影响和承担的责任。这些透明和道德行为应有助于可持续发展，包括健康和社会福祉，考虑到利益相关方的期望，符合适用法律并与国际行为规范一致，融入到整个组织并践行于其各种关系之中。在这一定义中，明确提出履行社会责任意味着要实行透明和道德的行为，如果伦理、道德是超越底线的要求，那么这个标准的适用范围就大打折扣了，与该标准的制订初衷也就不相一致了。

伦理是处理个人、群体、社会、自然之间利益关系的行为规范，作为“规范”讲时，“伦理”与“道德”可以互换使用。既然伦理或道德是处理相互关系的行为规范，那么当然包括底线的行为规范和超越底线的行为规范了。

所以说，生产危害消费者健康的食品是违法的，同时也是违背企业伦理的。也就是说，不应该生产和提供危害消费者健康的食品，既是法律要求也是伦理要求，这里的伦理要求是底线要求，而不是超越底线的要求。

平台组织、机制设计与小微创业过程

□ 井润田/上海交通大学安泰经济与管理学院组织管理系教授

当前，互联网技术的广泛应用正在影响和重组企业与消费者之间的权力结构，也催生着一些新兴的组织形态。平台组织因其演化能力和网络效应的优势受到越来越多的关注，但现有的研究很少关注构造以上优势的机制设计与运行策略。

就理论而言，平台思想最初产生于技术与新产品开发领域，代表了一种化繁为简的系统解构过程。相比于针对零件、部件等有形要素的技术开发过程，企业的组织和经营过程更加难以结构化，因为其不仅涉及到服务和流程等无形要素，很多时候还要依赖于人的能动性判断。因此，关于平台思想是否可以应用在企业的组织结构设计方面的问题，在管理领域争议了很久。1996年，《Organization Science》期刊的一篇论文以意大利Olivetti公司为例，正式提

---

* 原文发表于2016年《清华管理评论》9月刊。

出“平台组织”的概念，将其定义为“一种能在新兴的商业机会和挑战中构建灵活的资源、惯例和结构组合的组织形态”。

近年来，中国企业界组织平台化的最佳实践者，莫过于海尔集团。为了拉近生产环节与消费者之间的距离，2014年海尔提出“三化”即“企业平台化”“用户个性化”“员工创客化”的转型，将传统的事业部单元构建成为智能互联平台、洗涤平台、制冷平台、视听平台、厨卫平台等20多个平台，并在这些平台上通过将员工创客化，构建出3000多个不同产业的小微。转型后的海尔集团呈现出如图1所示的组织结构。这也是国内外平台组织的普遍形态，通常由一些核心组件和外围组件所构成，是为两者的互动订立规则的地方。

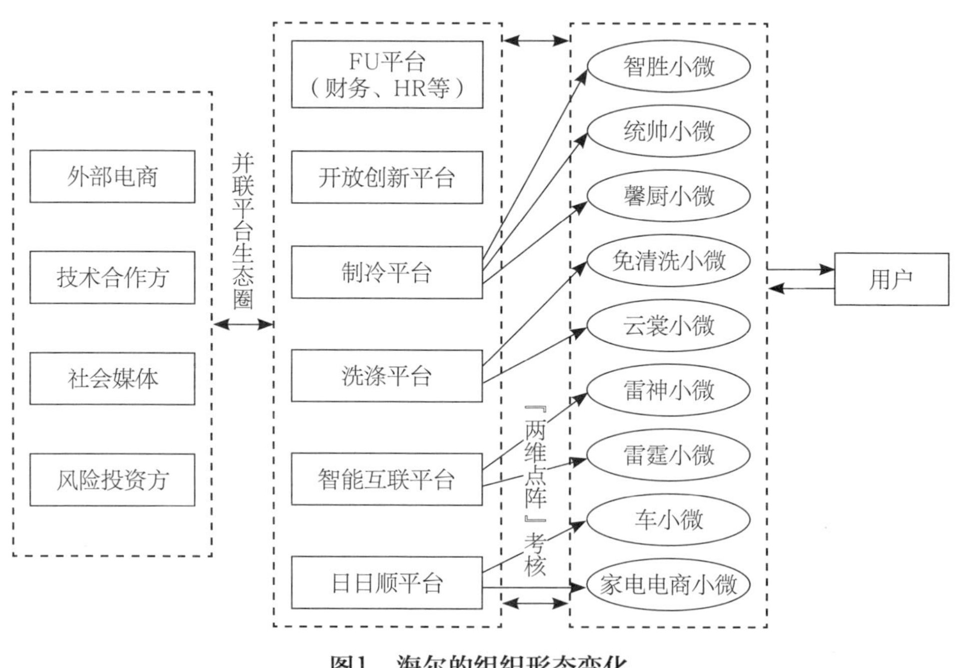

图1　海尔的组织形态变化

作为一家全球家电行业的领先大型企业，海尔如此大规模的平台化转型引起了国内外的广泛关注。我们以海尔集团的组织平台化作为研究情景，并选取平台组织下孵化成立的四个小微组织：雷神笔记本、免清洗洗衣机、智胜冰箱、车小微物流，来研究海尔平台组织的整体架构、平台组织内部的运作机制、平台组织在支持小微创业发展过程中的优势及面临的问题，研究发现：

1. 虽然平台组织都在努力建立“内部市场”机制，但是在现实经济生活中往往不存在这种市场机制有效运行的理想条件，因此导致内部呈现出多样化的资源配置机制。如图1所示，对大多数企业而言，内部只存在一个人力资源、采购或营销等平台服务提供商，但所面对的却是众多的内部小微用户；此时，就像军品市场的采购过程，由于存在垄断很难出现公允的市场交易价格。虽然互联网技术能带来沟通的便捷性，但永远无法消除信息的不对称与交易费用。即使企业建立了相应的业务外包渠道，但对于新创小微而言，购买外部服务的显性和隐性成本都是很高的。因此，在平台化转型中，海尔非常注意平衡好市场机制与文化控制、层级控制等其他机制之间的关系，呈现出“混合体制”的特点。

2. 平台组织通过构建多样性的小微群落能够增加组织的适应能力。平台组织可变的外围组件（即小微）的优势之一就是演化能力强，具有很强的灵活性和适应性。如图2所示，借助平台开放性的资源配置功能，企业可以构建出具有自我成长性的不同小微；随着时间推移（如T1→T2），这样具有差异性的小微在不同利基市场上表现出不同的业绩；基于环境变化的随机性和偶然性，会自然淘汰一些不适应的小微，留存下具有成长性的小微并得到平台更多的支持。同时，前期研究认为，平台组织的另一优势是平台所具有的网络效应。随着依附平台的可变组件越来越多，彼此之间形成网络关系，这种网络

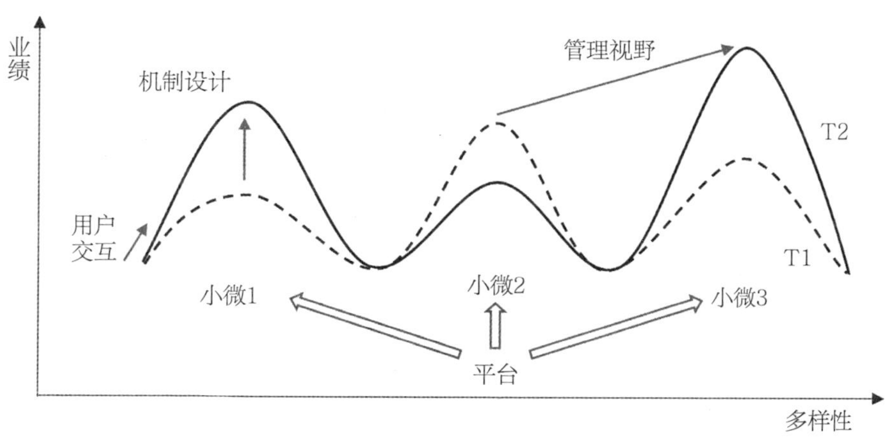

图2　平台组织、机制设计与小微创业

关系就像水管一样为组件提供获取资源的能力以及满足其功能性的需求，更多的联系也有利于对创业机会的获取。借助以上“变异（variation）→选择（selection）→巩固（retention）”的演化机制，平台组织吸纳了环境的不确定性，整体适应能力也增加了。

3. 借助用户交互的机制，创业小微可以局部改进它们面临的市场机会。平台化之后，海尔的运转是外部以用户交互来推动，内部则以用户付薪机制来保障。例如，海尔雷神小微，是源于2013年团队成员通过对京东后台电脑数据中的3万条用户评价，整理出了13条痛点需求，发现其中的7条是可以解决的，进而成立了小微组织。2014年4月，雷神团队注册成立了雷神科技有限公司，其中海尔集团占大股，创业团队的路凯林、李艳兵、李宁、李欣采取跟投方式获得期权。借助以上机制，2015年雷神团队“双十一”完成全网销量第一、全网单品销量第一和全网Skylake新平台销量第一的游戏本三冠王成绩，销售额达到7亿元。从总体群落层面来看，环境变化往往是难以预知和控制的，小微成员可以通过与环境中用户群体的直接交互来感知局部、短期的市场变化趋势，从而识别出可能的市场机会。

4. 用户交互的机制无法替代管理者的视野和直觉在创业机会辨识中的重要性。如图2所示，通过用户交互得到的可能是利基市场上的次优机会，更优或最优的市场机会往往还依赖于管理者的视野和直觉来辨析，这是用户交互的局部优化方式无法搜寻到的。乔布斯在讨论苹果公司的创新机制时讲道：“用户想要什么就给他们什么，这不是我们的方式。在我们把产品拿给顾客看之前，他们根本不知道自己想要什么；深入关切顾客想要什么，与不断问顾客想要什么，存在很大的不同。我们的责任是提前一步搞清楚他们将来想要什么。”在个体层面而言，管理视野具有差异性，主要受制于所处的组织形态和利基市场的限制。本质上而言，管理视野是一个与组织安排方式有关的心理反映，受制于并影响着“应如何构造一个组织”这一问题，是组织作为复杂适应性系统的一种自发属性。

5. 机会开发主要依赖于创业生态系统中的“共赢、共创”机制设计。小微即便是识别出了可能的创业机会，但是对于这些机会的成功挖掘和开发往往不仅仅是依赖于海尔自身的平台体系或者用户群体，还要通过机制设计来动员生态系统中的内外部利益相关者的集体行动。这样的机制设计的核心就是图1中并联平台生态圈“共赢、共创”的概念，也是目前海尔平台化进程在解决的重点问题。在这点上，张瑞敏也特别强调：“创业是在海尔这个平台上进行的。共赢是目的，是各方利益最大化，攸关各方能够持续协同、共享创造的价值。”

以上研究对传统企业的平台化转型也具有一些管理启示意义。Tushman和O' Reilly教授认为，组织转型只有在战略与组织构架四要素（即核心任务和流程、正式的组织结构、组织成员和组织文化）取得一致性（congruence）时才能发挥作用。通过找到组织构架四要素之间以及它们与战略目标之间的差距，并不断采取措施弥补该差距，企业才能取得比其竞争对手更好的业绩。自2014年海尔集团提出互联网时代的“三化”转型目标以来，企业已经在核心任务和流程、正式的组织结构这两个显性要素方面进行了突破性改变，并建立了与新型平台组织相适应的管理机制和工作流程。当然，要实现与组织平台化相适应的组织成员和组织文化转变更加困难，这体现在：如何将以往认真、踏实的海尔员工转变成为平台组织上有创造力、敢于冒险的“创客”，如何将海尔以往高执行力的组织文化转变为与平台组织相适应的包容个性和试错文化？2016年6月，海尔集团收购美国通用电气（GE）公司家电业务，也是希望能够建立更具有资源配置优势的平台架构，同时借助新的管理思维和文化观念来进一步影响和加速海尔的转型进程。

【后记】以上研究得到海尔集团领导层的高度认可和评价。2016年8月11日，海尔集团首席执行官张瑞敏评价认为：“这篇论文对海尔案例的分析是目前见到的最系统和最深入的。由此，需加快我们的探索，即创建领先的社群经济模式”。

裁员、绩效、压力

——职场焦虑背后的管理真知

□梁　建/上海交通大学安泰经济与管理学院组织管理系副教授

日日奔波忙碌的上班族们，大概或多或少都曾为加班辛苦过；为上司不切实际的要求烦恼过；为年底的绩效考核紧张过；甚至是为突然而至的重组裁员彷徨过。

轰轰烈烈的工业革命彻底改变了人们的生活，自从进入工业社会，从学校毕业之后找一份工作，受雇于某家企业，随后每天上下班，似乎就成了没有选择的选择。其实，如何处理企业与员工之间的这种雇佣关系，长久以来都是管理学科的核心命题，也难怪裁员、绩效这些词语，总会牵动职场人那敏感的神经，让人不由自主焦虑不已。

工作安全感：为了保住工作，反而误了工作

工作安全感一直是管理学的核心之一，是企业与员工交换的基本概念。

早在1917年，经典管理学理论代表亨利·法约尔（Henri Fayol）的“十四条管理原则”中，就有“人员稳定原则”，他认为员工如果没有稳定的任期，就无法与企业达成理想的交换关系。斯坦福大学的杰弗瑞·菲佛（Jeffrey Pfeffer）教授在80年代提出“通过人力资源实现竞争优势的七条建议”，其中第一条就是保证员工的工作安全感。

然而现代企业为应对日益加剧的市场压力，在遭遇经营困难时，采取战略变革的可能性显著提升，而变革又往往会带来裁员、重组；同时，为保持企业的灵活性，兼职、外聘和临时工等雇佣方式大大增加，这些都损害了员工的工作安全感，也破坏了管理学中一个长期存在的理论基础。

为了应对竞争，企业正逐渐减少对员工的承诺，另一方面，也正是为了应对竞争，企业对员工的要求又不断增加，员工不仅要完成工作说明书上列出的内容，还需要加倍努力付出，比如提早上班、自愿加班、主动帮助同事、参加额外的会议及活动等，这些本职工作之外的内容，在管理学上称为“组织公民行为”（Organisational Citizenship Behaviour，简称OCB）。

针对企业“给得越来越少，要得越来越多”的悖论，我与其他几位学者经过研究发现，工作不安全感与OCB之间存在一条U型曲线，当企业无法为员工提供工作安全感时，员工会产生不满情绪，认为没有必要去实践OCB。而当员工的不安全感增高，也就是感到变革、裁员、调职等风险不是空穴来风，而是真真切切地即将来临时，就会为了保住工作，而承担较多OCB。

U型曲线反映了整体趋势，但当员工较为自信，认为“此处不留爷，自有留爷处”，或是与上司关系较为密切，认为变革对自己的冲击不会很大时，U型曲线在他们身上的表现就会相对较弱。

但这种由工作不安全感所引发的公民行为，与OCB最初的定义已然有所不同，它不是一种基于社会交换的自发行为，而是为了让企业发现自己的价值，保住自己的职位而不得不实施的行为。换句话说，这种OCB虽然在短期内能够见效，但实际上是将员工的注意力转移到了工作之外，员工不再专心于本职工作，而是整天想着自己是否会被裁，怎么做才能避免被裁，反而影响了工作效率。此外，这种人人为求自保而拼命表现的气氛，也会对企业内部的人际关系带来伤害。

企业为适应市场而主动变革并没有错，但是变革之前，应首先取得员工的信任，不能让员工觉得仿佛每次变革都是以牺牲他们的利益为代价，如果员工对企业、对变革没有信心，那他们便不会积极参与，企业也很难取得持久的成功。

同时，在当今几乎没有一家企业能够保证员工一旦加入便可终身工作的情况下，怎样培养员工对工作的专注、对企业的忠诚，怎样在使用员工劳动力的同时，也关心他们的身心健康和职业发展，这些都是企业面临的重要课题。

执迷绩效考核的风险

绩效考核制度在现代企业中并不罕见，在管理学上也不乏理论支持，但过分强调绩效，会破坏人对道德的坚守，长此以往，整个社会所付出的代价，将远远超过绩效实现所带来的收益。

有些企业在设定绩效目标时，不与员工商议，不顾目标是否合理，也不提供相应支持，只是一味地逼迫员工完成任务，达不到绩效就要求走人。一旦绩效目标定得过高，无法通过常规途径实现，员工为了保住饭碗，有时就会忽视市场秩序和社会道德，采用一些违规的“非常手段”，做出一些出格的行为，并用“我是为了完成绩效，不得已而为之”，或者“我是为了公司，不是为了自己”等理由来为自己辩解，将原本不合理的行为合理化。这种现象在社会认知理论中称为“道德推脱”（Moral Disengagement），倘若人人如此，家家企业如此，那灰色地带便会由此产生，社会的信任便会崩塌。

绩效导向的另一个弊端，是加剧企业内部的竞争文化。现代社会工作内容越发复杂，分工越发细致，可以说，一个人“包打天下”的时代已经过去了，越是大型的项目，越是需要各方协同合作，各大商学院课程中对合作的强调，以及企业招聘时对“团队精神”的重视，都是这种趋势的直观体现。然而如果过分强调竞争，便会加深人与人之间的隔阂，不利于合作的开展。

片面强调绩效所带来的管理问题，值得企业反思，创业型企业尤其如此。

这些企业由于面临的风险较大，往往也会要求员工付出更多的时间与精力，作出加倍的成绩，稍有不慎，企业便很容易将创业的风险转化为绩效的压力或是工作的不安全感，进而转嫁到员工身上。企业应该谨记，员工并没有义务来承担创业者的风险。聪明的创业者，应该通过制度设计、文化建设等途径，让员工主动承担风险，自愿踏上企业这条船，而不是被赶上船去。

无论对企业还是员工，评价的标准都不仅仅只有绩效，企业不能只重视自身盈利，也要关注员工的生存状态，以牺牲员工人权和尊严为代价而获得的利润是不能持久的。被誉为“现代管理理论之父”的切斯特·巴纳德（Chester Barnard），早在 1938年出版的《经理人员的职能》中就曾提出，企业是一群自由人，因为合作的意愿和共同的目标聚到一起而形成的，员工与企业合作的意愿是企业存在的前提，如果丧失了员工，企业便无法生存，而一个连生存都无法保障的企业，又何谈发展，何谈绩效呢?

现在已经有不少跨国公司，把年度绩效考评改为月度绩效反馈，反馈并不打分，而是用一种发展的眼光，对员工的表现进行总结，逐渐淡化评估和考核的意味，这种做法或许值得借鉴。

Uber、Airbnb——互联网颠覆雇佣关系

“工作安全感”概念的基础，是稳定的雇佣关系和交换环境，而随着互联网经济的发展，优步（Uber）、Airbnb等新型互联网企业，正在重塑企业组织的形式、雇主与员工的关系，乃至工作本身。

这些新兴互联网企业大多结构松散，其组织构建所依靠的并非稳定的雇佣关系，而更多的是一种合作关系，或是纯粹基于市场交换的纽带关系，工作安全感的理论基础在这些企业中已不复存在。

在这种新型组织中，无论企业还是员工，都不再期待一种长远的交换关系。企业不再为员工提供覆盖其整个职业生涯的发展规划，员工也不再指望一辈子在一家企业里一步一步“向上爬”，而是开始自主地管理自己的职业道路，希望为不同雇主工作，并且在每一份工作中都有收获。

其实不只是互联网企业，许多大型跨国公司，在步入21世纪后，为应对决策过程复杂、市场响应迟缓、组织机构僵化、管理成本高昂等“大公司病”，也都开始简化组织结构，将企业单元化、模块化。这种追求灵活、迅速和简洁的改革思路，与互联网时代的思维一脉相承。

因此，在未来的企业中，市场交换和即时交换会越来越多，所占的比重会越来越大，“工作安全感”概念中那种相对友善、相互信任、基于长期交换的雇佣关系和社会交换关系，可能会被打破。尽管“纯网络时代”离我们还有一段距离，但这种新型的组织形式和雇佣关系，无疑对管理学提出了更大的挑战。

而这种新型组织形式究竟会发展到何种程度，也同样值得研究。人类社会要生存，就一定要生产，一定要创造财富，为此，就必须将作为个体的人以某种形式组织起来，比如农业社会的小型手工作坊、工业社会的大型工厂等。所以一个社会不可能完全没有组织，完全没有大企业。现代管理学的发展史，从某种程度上也可以看作是对“人究竟是什么”的问题进行反复探索的历史，从工业革命时的企业占据绝对主导，到如今人的重要性日益得到彰显；同时，也是工业社会在发现自身问题后，不断设法解决问题、改良制度的历史，现代管理学的许多理论，处理的都是雇佣关系这一工业社会的根本问题，如果雇主和雇员之间的矛盾得不到有效解决，那么工业文明也不可能存在。

在数字时代的新型生产逻辑下，应该如何将人与人有效地组织在一起，应该建立怎样的规则与规范，来对这些组织进行约束和统一，做到既能实现灵活机动的小型化与单元化，又能避免农业社会的低效率，这可能是未来的互联网社会需要解决的问题。

在中国，由于工业化在极短的时间内迅速完成，没有像欧美国家那样经历百年工业文明的洗礼和积淀，所以不少企业主的管理思维，还依然停留在“工人就应该听从管理者指挥”的初级阶段。

面对这样的现状，中国的商学院又该做些什么？2008年金融危机发生后，很多同事都对这一问题进行反思。我们逐渐认识到商学院存在的意义和价值并不在于传授技能，告诉学生如何经商、如何盈利，而是在于塑造商业文明，告诉学生应该以一种什么样的方式经商，应该在一个什么样的范围内经商，告诉他们好的商业应该是什么样子。指导商学院的不应该只是经济学思维，而更应该是哲学、社会和人性，毕竟一个人人逐利的社会，恐怕也不是我们愿意生活的社会。

学霸和企业家们有着共同的动因与成就

□ 张新安/上海交通大学安泰经济与管理学院管理科学系教授

管理学研究的一个重要话题，是解释人与人之间的成就差异。人与人之间的成就之所以不同，一个很重要的原因是他们做事的动因不同。外因激励和内因激励一直被管理学界所关注，但它们到底如何起作用，又是如何影响成功的呢？

为什么智商同等的学生学习表现差距那么大？为什么同时加入同一家公司的员工，若干年之后，有的成为核心骨干，另一些却止步不前，甚至面临被裁员、解聘的危险？为什么同一个行业内经营同样业务的企业家，有的能把企业做得蒸蒸日上，而另一些却把企业带到奄奄一息、濒临破产的境地？

每个人其实都可以想象一下，自己将如何回答这个问题——为什么每天要上班？

---

* 原文发表于2015年1月16日《文汇报》第7版。

大多数人的答案大致可以归为两类。第一类是归因于一些身外之物，包括金钱、地位、名声等，这是我们每天努力工作的主要动因。另一类是归因于我们内心的感觉，以自我价值感、意义、乐趣为代表。前者产生的激励作用称为外因激励，后者则是内因激励，而且这通常容易被我们所忽略。

外因激励和内因激励都会提升人们做事情的努力程度，然而它们的特点和作用原理却截然不同，而且物质文化的泛滥使得内因激励越来越稀缺。

先说外因激励，它的优点是见效快，立竿见影。比如金钱这一最典型的外因，人们看到钱会瞳孔放大，会对肉体的疼痛变得不那么敏感，钱的出现会让人立刻受到激励。比如，如果把员工的月工资从五千元提高到六千元，他会很愿意加班，愿意做之前不愿做的事，承担之前不愿承担的责任。

不过，外因激励虽然见效快，它的缺点也同样明显，人们会很快适应外因变化所带来的刺激，从而失去这一激励作用。即，外因激励的效果会很快消退。一般来说，工资从五千元提高到六千元的员工，这个月会非常积极，下个月会一般积极，再过一个月就很可能回到初始状态。

外因激励还会产生负面影响。比如一度流行的论文发表奖励机制，假如一流论文可以奖励40万元，其次30万，最低可以奖励10万，那么如果没有内部动因，一些人就会倾向于多写10万元的论文，因为毕竟40万元的论文太难了。这就是为什么论文奖励机制下，垃圾论文会越来越多的原因。

与外因激励不同，内因激励的优点就在于它能够持续比较长的时间。如果一件事情能够给人带来内在的自我价值感，能够让人快乐，能够让人感觉到更大的人生意义，那么这件事本身就成了把它持续做下去的理由，人们就可以在比较长的时间内在这件事情上维持高水平的激励和投入。

内因激励虽然长效，但它并非没有缺点，它的缺点在于很稀缺，非常难培养。尤其是对我们中国人来说，近年来物质文化的泛滥使得我们已经习惯于以功利之心衡量每一件事情，从幼儿园的孩子开始，学特长是为了入学加分，读书是为了找份好工作，而工作又是为了赚钱。在这样一种文化中，评价成功的标准变成了开什么车、有几套房，很少有人去思考诸如“我是谁”“我想做什么”等这类话题。一旦人们在物质世界中迷失，无法从内心深处感知自己的价值，收获真正的快乐，发现人生的意义，内因激励也就变得难以出现。

内因激励稀缺也并不必然意味着内因激励就比外因激励好，它们适用于不同类别的任务，取决于任务的复杂程度和在多大程度上依赖脑力来完成。外因激励的本质在于交换，它刺激人们去做当前的事情以换取身外之物。这个交换过程简单明了，几乎不需要大脑的介入，因此外因激励适用于那些不怎么需要动脑的简单任务，它的效果主要体现在对手脚的调动上。换句话说，在外因激励的作用下，人们主要是手脚会变得更加勤快。因此，对于那些不依赖脑力的简单重复性劳动，不需要考虑人心怎么想，外因激励通常也能达到很好的效果。然而，随着任务复杂度的增加，光凭手脚勤快已不足以有效完成任务，它还需要人们开动脑筋，仔细琢磨其中的道理，通过学习不断总结规律，发展出新的技能，甚至进行创造性的思考才能够把事情做好。由于对外因的追求并不能带来这些行为，在这些任务上，外因激励的效果就会开始变差。对于那些特别复杂，完全依赖于创造性脑力劳动的职业，比如科学家、艺术家等，把他们的工作表现同薪酬这类外因挂钩，还会把他们的注意力从任务本身转移到如何挣更多的报酬上，反而可能会让他们的成就变差而不是更好。

与对身外之物的追求相反，内因激励来自于任务完成过程给予大脑的反馈刺激。如果人们在完成一件任务时，能够对任务有新的理解、学习到新的技能、达到新的高度，自然而然就会从这件事情中获得进步和自我价值的感觉。如果在这个过程中又能够全身心投入，潜力被完全发挥，所有的脑力资源都被充分调用，达到一种忘我的境界，人们还会从中体会到极大的乐趣和意义。在那些有挑战性的复杂任务上，人们能否从完成任务的过程中体会到这种自我价值感、乐趣、意义，就决定了人们在这些任务上能够坚持多久，投入多大，当然也就进一步影响到了人们会在这些任务上取得的成就。

单纯外因虽然不足以在复杂脑力任务上让人们取得成就，缺乏外因却完全可能会阻止人们在这些任务上取得成就。

特别需要说明的是，我们不能脱离外因来谈内因。虽然外因激励对于人们在复杂脑力任务上所取得的成就没有促进作用，但这并不等同于随便什么样的外因都无所谓：当外因不足以满足人们吃喝拉撒、安全、受尊重等基本需要时，它会制约人们在复杂脑力任务上的表现。只有在外因不成为制约条件的前提下，将外因与脑力劳动者的薪酬脱钩，才能最大程度发挥内因的激励作用。事实上，人类社会迄今为止最伟大的几项创新，包括个人电脑、互联网、图形用户界面等都是20世纪70年代在施乐公司的帕克研究中心所诞生的。当时的帕克中心集中了施乐最聪明的两百余名研发天才，他们拥有优厚的报酬和丰富的资源，令他们完全不再为外因发愁，摆脱外因的约束，全身心享受灵感和创造所带来的乐趣。毫不夸张地说，是被完全激发出来的内因带来了这些足以改变人类发展历史的突破性发明。

当外因不再成为一个负担时，人们在内因激励水平上的差异，能够在很大程度上解释他们为什么会取得不同的成就，尤其是在那些需要学习和思考的任务上，内因激励的作用格外重要，我们针对高中生学习成绩差异的研究为此提供了非常有力的证据。我们访谈了很多在高考中取得优异成绩的考生，请他们回答他们学业成就如此出色的原因。尽管学习对于大部分高中生来说是一件苦差事，是为了考大学而不得不去做的事情，但在我们的访谈样本中，没有人提到外因激励的作用，他们谈到的都是内因激励的故事。这些学生都自己摸索出一套行之有效的学习方法，这些方法不是怎样帮助他们在学习时更有效率，而是能够让他们在学习时感受到更多的内因激励。他们应用这些方法，把学习改造成一件同自我价值感、意义以及乐趣紧密相关的事情，让自己对学习上瘾，如果中断学习做其他事情就会感觉自己在浪费时间、会觉得无聊没劲。我们针对研发人员的研究课题也取得了一致的结果，研发人员从工作中感受到的内因激励水平同他们的职业成就有显著的相关性，即便排除他们在性别、年龄、教育水平、经验、认知能力差异等诸多因素后，这种相关性依然存在。

我们在企业家群体身上也观察到了由内因激励所带来的这种成就差异。企业家虽然外表风光，事实上是一个苦差事。做企业是一个艰苦卓绝的长期历练，要经历九九八十一难才能修成正果。它需要企业家在各种诱惑前有不离不弃的决心，在失误挫败时有百折不舍的勇气，在争分夺秒中有不断学习的执着，这样才有可能做出一流的企业。在这样一个长跑项目中，单纯的外因激励无法给企业家提供足够的心理动力。他们把做企业看成赚钱的工具，赚钱当然越多越好，可为了赚钱而去吃这些苦，会让他们觉得不划算，种种艰难险阻，会让他们中途放弃成就一流企业的梦想，这样的企业家在一时的困难面前很容易选择转行，把资源转移到那些更容易赚钱的行业和项目，他们通常多年来换来换去什么都做，企业规模却一直长不大，总是一副半死不活的样子。卓有成就的企业家都有着强大的内因，他们不是单纯为了赚钱，他们是为了实现内心深处的梦想，他们让自己一直走在圆梦的道路上，数十年如一日，坚持做一件事情，他们不离不弃，不折不挠，从经营企业中获得极大的自我价值感、乐趣、人生意义，赚钱反而成了副产品。

大学生择业中的预测偏差及其对幸福感的影响

□ 陈景秋/上海交通大学安泰经济与管理学院组织管理系副教授
唐宁玉/上海交通大学安泰经济与管理学院组织管理系教授

我们曾经做过一个关于大学生择业中的决策偏差方面的研究，发现学生在择业中其实不能作出最大化个人幸福感的决策。幸福感是人们选择工作并努力工作的终结目标，作为理性的决策者，应该能够从各种工作备选项中挑出最大化个人幸福感的一项；但是世界的复杂性远远超出了人脑可以控制的范围，并且更为重要的是人在大多数时候是缺乏理性的，这也是择业中的大学生所面临的情况。人的一生当中，可能会面临很多选择，而造成非理性决策偏差的原因大致可以用世俗理性主义（Lay Rationalism）、媒介最大化（Medium Maximization）和区分偏差（Distinction Bias）这三种理论来解释，这些理论同样可以解释大学生为什么没有选择更能给自己带来幸福感的决策。

为了使这些理论更容易被大家理解，我举三个例子。第一个例子：我们发现很多的大学生，在进入学校选专业的时候，非常喜欢选择一些和数字打交道的专业，也就是我们通常所说的“硬技能”。他们喜欢选择金融、会计类的专业，而不喜欢营销、沟通、人力资源之类“软性”的知识。很多学生在选专业的时候，认为学习“硬技能”后能帮助他们找到较高收入的工作。第二个例子：本科生在大三有一次转专业的机会，根据大家的GPA排名来决定专业录取。我们发现金融和会计还是最热门的专业。“金融？会计？怎么又是它们！”我就好奇他们真的都喜欢这个专业吗。曾经有一个社交活动能力挺强的学生选了会计专业。我问他你想做会计吗？他说我不愿意，还很生气地反问我，“老师你觉得我像会计吗？”于是我便问他选会计专业的原因，他一副很无奈的样子说，“那我怎么办啊，现在排名已经够格了，不选亏了啊！”这个例子在我之前研究的场景实验中得到进一步验证。实验表明，给学生两个专业选择：一个是学生不喜欢的专业，但考试成绩进入前五十的时候才能选择；另外一个是学生很喜欢的专业，但和排名没关系。如果学生目前成绩的排名进入前五十了，他会怎么选择？ 结果大部分人选择了自己非常不喜欢的专业。第三个例子：再回到学生为什么喜欢选金融类专业的问题，因为他们觉得和其他工作相比，尤其是那些要去工厂工作的制造行业，金融类的工作办公场所高大上，一般在陆家嘴，有做白领的感觉。可是真正进入这些环境工作后，日复一日，再高大上的环境也就这样了。优越的物理环境会产生快乐适应，而基于自己内心兴趣和爱好所作出的决策反而不容易倦怠。这三个例子分别代表了大学生在择业中容易造成决策偏差的三大误区。首先是世俗理性主义，在择业时依靠社会对这类职业约定俗成的特定标签信息进行判断，如金融就是多金的标签信息；媒介最大化，即依靠各类认证、排名，如所选择企业的行业排名、世界500强排名等进行判断；区分偏差，即在择业时将各类职业比较“联合评估”后作选择，但忽视了从业后的职业体验，其实是个漫长的“独立评估”的过程。

当然，人很难成为完全理性的决策者，作为旁观者可能知道这些误区，但如何在复杂的环境中避免进入这些误区呢？进入这些误区或者学生有选择障碍，究其原因是并没有从自己的兴趣和爱好出发，没有考虑自己的兴趣、优势究竟适合做怎样的职业规划。从组织行为学的理论来分析，金钱、体面的工作环境等都是外部激励因素，而人们对工作本身的兴趣以及从中得到的快乐属于内部激励因素，后者更具有持久性。

对80后、90后的独生子女来说，学习的意义是什么？他们一直接受的教育信息是学习、是为了考上大学，拥有一份令人羡慕的工作，而这些其实都是外部激励因素。他们很少被鼓励去思考自己的兴趣，支撑着自己在繁忙的社会中，面对各种压力仍然可以坚持下去的原因。

他们进入大学，脱离父母以后，首要任务就是思考“我是谁”。心理学家爱利克·埃里克森（Erik H Erikson）有一个著名的社会认知理论，指人要经历八个阶段的心理社会演变，从婴儿期、青春期到成年期，每个阶段都是解决矛盾的过程，而矛盾的解决可以影响你的认知。这个认知不管是个体的思维问题，还是对社会的认知，都会影响到你跟周围的世界、周围的人的交往接触。其中比较关键的是青春期，在这个时期就应该解决自我认知的问题。在青春期之前，父母几乎就是你的整个世界，但是12岁以后对你影响比较大的就是朋友了，“朋友”和“父母”之间会形成竞争。你就会产生认知矛盾：我是谁，我要成为一个什么样的人？在循序渐进的探索期，你会有叛逆心理，尝试把周围的人标签化，也会有偶像。但总的来说，这都是帮助你寻找自我的过程。由于升学压力所迫，中国很多孩子在青春期并没有完成心理上的认知过程。

北美的一项研究显示，欧洲裔美国人和亚裔美国人在择业上是有所区别的，欧洲裔美国人会基于兴趣择业，亚裔美国人则比较忽视个人体验，更喜欢选择稳定、有较高社会地位的职业，如律师、医生或者教师。有一部印度电影《3 Idiots》，讲的是受世俗理性主义影响，印度人都喜欢去做工程师，但主人公不愿意随波逐流，他以自己的魅力突破教条主义的束缚，成功地影响了他的两个好朋友，帮助他们找到了自我，学会去追逐自己的内心。这个电影拍得很有趣，但其实它告诉了我们一个很古老的道理：追求自己的梦想和爱好，职业就变得简单了，生活幸福感也就提升了。

对学生来说，如果从小成长的环境都是不鼓励他寻找自己兴趣的话，那他确实可能会不适应这个思维上的转变。对我们教育从业人员或者父母来说，这值得反思：我们要怎样通过启发学生思维，培养更多善于思考、善于发问的人才。我们现在谈到创新时，为什么大部分都是二次创新，缺乏从0到1、从无到有的变革呢？我们必须要培养更多能创造性解决问题的人。我个人还是比较推荐Gallup的《发现你的优势》，在传统文化里，我们可能一直强调要知难而进，但其实你做得很辛苦的工作并不是你所擅长的，你可能需要花比别人多几倍的努力，结果还是做得马马虎虎而已。

第四篇

互联网+的时代转型

“互联网+”不是简单的“互联网嫁”

□ 陈宏民/上海交通大学安泰经济与管理学院应用经济系教授

在2016年全国两会的会场上，“互联网+”行动是不少代表委员关注的焦点。而在此前的上海两会上，关于“互联网+”行动的专题会场中，参与代表也是最多的，体现了社会各界对此的高度关注。随着《上海市推进“互联网+”行动实施意见》的颁布，三个方面21个专项的实施，预计全市会进入一个“互联网+”行动的高潮。

2015年初，中国政府首次号召推进“互联网+”行动，举国上下纷纷响应。一年来，互联网不仅向服务和制造的各个行业融合，加速经济转型升级，还进入了交通、健康、教育、旅游和智能家居等领域，不断提升市民生活品质，甚至还涉足公共安全和城市基础设施，推动着城市管理创新。

随着“互联网+”行动的深入开展，许多行业的壁垒和界线被打破，但在

* 原文发表于2016年3月4日《上海观察》。

互联网率先进入的金融、医疗、交通等领域，其快速发展的同时也出现了一定程度的混乱和安全隐患，行业的运行模式与政府的监管方式遇到了巨大挑战。因此，在推进“互联网+”行动，加快互联网与传统行业融合实践的同时，需要加深对这个融合过程的认识，不断创造适合其转型发展的行业运行模式，不断创新政府在新市场环境下的监管方式。

什么是“互联网+”？“互联网+”是把互联网技术与适应于互联网的企业运营方式和商业模式“嫁接”到各行各业，促成这些行业中的企业依托互联网等先进技术转型升级，促成原有业务创新升华；而近年来最为亮丽的一道风景，就是那些饱含互联网“基因”的企业争先恐后地“嫁”到了经济社会的各个角落。

那么，这些“新娘”出嫁后的境况与感觉如何呢？她们是在“旺夫”还是“克夫”？那些娶了媳妇的家庭是否欢迎她们呢？笔者认为，社会各界包括互联网企业、传统企业、监管当局以及广大消费者们，应该在这些观点上形成共识；只有这样，互联网与传统行业才能继续顺利“通婚”，“互联网+”行动才能持续深入。

第一个观念，叫“嫁出去的闺女泼出去的水”。在“互联网+”时代，需要淡化甚至不应再有“互联网行业”的概念。或许我们可以把那些从事互联网通讯和信息技术研发以及设备制造的企业称为“互联网基础行业”；但是，如今人们俗称的“互联网行业”里大都是BAT等从事互联网应用的企业。只要看看乌镇互联网大会上那些叱咤风云的人物就知道了。诚然，淘宝、滴滴出行、携程、支付宝、春雨医生等可以称为互联网企业，但它们显然不属于同一个行业，而应该分属于零售、交通、旅游、金融和医疗等行业。虽然她们的娘家姓“互联网”，可是如今却应该把夫家的姓摆在前面。

强调这一点，绝非文字游戏，而是在强调那些进入经济社会各个领域的互联网企业，必须要有新的归属感。一方面，那些互联网企业必须要深入了解所进入行业的特征，所从事业务的特点，所提供产品或服务的特色，而不要以为只要加上“互联网”标签就能点石成金，更不能以此让用户和合作伙伴产生错觉。另一方面，监管当局应该把这些“新媳妇”作为大家族的一份子来支持与监管。比如，P2P网络贷款虽然走的是互联网渠道，可依然是借贷业务，而且有一段时间，许多P2P机构的运营模式与商业银行非常相似；金融监管当局如果及时跟进，理直气壮地进行监管，或许就不至于酿成今日之局面。又比如，饿了么、美团等外卖平台则必须属于餐饮企业而非IT企业，这样食药监局才能有效协调餐饮平台与餐饮供应商之间的责任。

第二个观念，叫“男耕女织，男女有别”。互联网企业大都采用轻资产，平台型的开放式商业模式；商业模式不同，在行业中的角色与定位就不同，政府的监管方式也应该不同。这就要求监管当局针对互联网和平台型的特点，创新监管方式。比如，传统出租车公司必须拥有出租车，并雇用出租车司机；但是新型的专车平台却并不愿意也不适合这样做。作为第三方的开放式平台，用户对它而言，是客户，是资源，甚至是合作伙伴，却不再是雇员。因此，强制要求专车平台等新型互联网企业与用户之间签订劳动合同，恐怕是一种“削足适履”的方式。这次交通运输部公布的《网络预约出租汽车经营服务管理暂行办法》与原先的征求意见稿相比，淡化了平台与司机之间的雇佣隶属关系和司机加入平台的排他性限制，是很好的尝试。

根据平台型企业的特征，监管当局应该“强制信息披露，弱化雇佣关系”。信息服务是各类互联网平台最为基本的功能之一；平台对用户的信息披露水平，包括真实性、完整性和有效性等，会直接影响平台所能创造的商业价值和社会价值，以及行业转型后的生命力。监管当局一方面可以增强其权利，允许其在一定范围内自设进入门槛，自己定义用户关系；同时，在另一方面加强其责任，如强制要求其更加透明地披露用户信息，并要求其当双边用户发生纠纷时承担连带责任，不得自称信息中介而推诿。这样才能够加强互联网企业对大数据的社会化应用，促进行业的转型升级。监管当局应该根据信息对用户所带来的影响程度（如资金安全、食品安全等）明确平台的信息披露责任以及惩罚措施。如P2P网贷出现的风险，医药B2C电商的叫停，无一不是因为平台承担不起应该承担的信息披露责任而导致行业发展的逆袭。

第三个观点，叫“好媳妇要能旺夫”。如今常讲“跨界”“颠覆”，跨界是必须鼓励的，而颠覆则是要慎重的；要看颠覆的目标是传统模式还是传统企业。我们并不鼓励互联网企业"嫁"入各个领域后，颠覆掉大部分传统企业，变成"母系社会"；更不赞成一些互联网企业热衷于"新瓶装旧酒"，利用监管灰色地带的特殊优势"颠覆"掉原有企业，而不在降低成本、提高效率上下功夫。推进"互联网+"行动的终极目的是为了培养全新的下一代，即互联网与传统企业的深度融合。我们希望"新媳妇"带来"新气象"，发挥鲶鱼效应，带动整个行业在更深层次和更广范围内运用互联网等先进技术，创新模式，转型升级；我们更希望互联网企业与传统企业深度融合后，诞生和演化出更多的新业态和新模式，以实现行业的转型发展。

因此，监管政策的引导是让互联网企业更加追求"服务红利"而不是"政策红利"。从2015年开始，政府在金融、交通、医疗等各个行业先后出台被称为"拉架式规范"的各种管理办法也是试图实现这样的目的。总之，互联网企业注定是"班上的淘气孩子"。不过淘气的孩子往往有出息，它们很可能是许多传统行业转型升级的发展引擎。在将它们纳入监管的同时，政府需要下大力气创新监管，而不是削足适履，把这些淘气孩子管成"乖孩子"。

每年的乌镇互联网大会是我国互联网发展的风向标。互联网企业杀入传统行业乃至社会各个领域，BAT等互联网巨头大佬们在大会上独领风骚，这应该仅仅代表着互联网发展的初级阶段。进入中级阶段的标志应该是，一大批传统企业在互联网大会上各显身手，代表着产业互联网普及深入，互联网技术同广泛的制造与服务深度融合，而不是如今的一俊遮百丑。而到了互联网发展的高级阶段，其标志或许就是不再有什么"互联网大会"了，也不再有"互联网金融""互联网医疗""互联网+"了，因为所有的企业和所有的生活都互联网化了！

微信提现收费，别太大惊小怪

□ 费一文/上海交通大学安泰经济与管理学院金融系副教授

2016年春节后，微信宣布“提现要收费”的消息犹如一颗重磅炮弹，一下子引爆了所有媒体的眼球。但看遍所有评论，竟找不出一篇有力的批驳文章，因为人家已经明明白白告诉你：以前免费是因为企业在贴钱，现在不干了！言之凿凿，确实很难挑出毛病。

问题出在哪里？就出在大家把互联网产品混淆成了公共产品，把互联网企业的免费（低价）促销当成了商家的经营常态。

上海人习惯把街道称为马路，那是因为上海第一条符合现代标准的道路是1851年从当时的跑马场修往外滩的。因为这条路上马车很多，于是上海的老百姓就把它叫做“马路”。最初的“马路”全长只有1.6公里，大部分路段只有20米宽，但人来人往，车流不断，于是聪明的商人们发现了商机。商人

* 原文发表于2016年2月18日《解放日报》。

们首先在马路两边抢下地盘，建造起房子，开办各种商业，用现今的时髦话来说就叫“构造商业模式”或“找一个风口”。然后为了吸引顾客，商家开张大吉，免费品尝，大幅度折扣促销，用现今的时髦话叫“烧钱”。一时间，“马路”上人群熙熙攘攘，好不热闹。“马路”最终发展成为如今万商云集的寸金宝地——南京路商业街。然而商业就是商业，商人不是活雷锋。商人们看到促销起了作用，顾客已经习惯到“马路”来买东西，他们的收获季节也就到了，先前的促销打折被取消。尤其是当几家大百货公司建成后，其他百货公司在“马路”上再也没有落脚之地，“马路”上的大商家都取得了丰厚的回报。

回眸看看互联网经济的发展过程，又何尝不是如此？台湾地区老百姓把互联网称为“网路”，那是再形象不过的比喻了。原先这条路上“跑”的是数字符号，现在商人们发现了其中的商机，要把它开发成商业街，于是各种网络应用平台纷纷出现。互联网企业高举免费、低价大旗，大规模烧钱，就是为了吸引流量，在这条刚刚开发的“网路”上抢得先机，获取垄断地位。各种投资人的加入又使得这种烧钱活动达到无与伦比的激烈程度。然而天下没有免费的午餐，不管是企业家还是投资人，根本目的还是为了获取利益，他们提供的是商品而非社会公共产品。一旦人们的习惯形成后，免费就必将取消。而另外那些没有取得客户习惯（流量）的企业就只能退出“网路”。这一切几乎都是以往商业历史的重演。唯一不同的是，与传统商业相比，互联网公司拥有更低的有形资产，网络流量几乎是公司的全部价值来源，所以互联网企业的生命周期更短，更容易形成垄断。

认清了互联网经济的商业本质，就应该客观地看待互联网的发展，既不应该“神化”，也不要“丑化”互联网经济。互联网的出现大大地缩短了人与人沟通的距离，降低了交易成本，有效地提高了资源的利用性。信息成为生产力发展的又一要素。然而必须清醒地看到，互联网经济的发展是建立在实体经济基础上的，没有实体经济，互联网就好比空中楼阁。互联网可以促进实体经济更快、更有效地发展，而不是毁灭实体经济。另一方面，也不应该“妖魔化”互联网经济，认为互联网的发展导致现有企业职工就业机会减少，银行融资成本上升。在某种程度上，互联网经济是用新的更有效率的生产方式淘汰一部分旧的不合理的低效率的生产方式，这难道不是一种历史的进步吗？

当然，互联网经济作为一种新的业态，不可能在一夜之间成熟。在呼吁社会给互联网经济多一点时间和宽容的同时，相应的规范监管也应该跟上。第一，尽快制定各个互联网行业的规则，给人流日益增多的“马路”按上交通灯，以免出现重大的交通事故，“红绿灯”的时间长短可以日后不断完善。第二，考虑到互联网经济比实体经济更容易出现垄断性企业，政府是否应该考虑制定专门针对互联网行业的反垄断法律，以保护日益依赖于互联网生活的普通百姓，也更有利于行业的不断创新发展。

上海制造业与互联网融合，为什么不能套用德美模式

□董　明/上海交通大学安泰经济与管理学院运营管理系教授

未来十年，上海主要制造业企业应在坚持创新驱动、价值链转型增值、协同制造、智能转型、强化基础和绿色发展上走出自己的特色，加快迈向先进制造业企业，实现具有上海制造业特点的全价值链协同智能化融合模式。

随着德国与美国为发展制造业分别提出“工业4.0的制造业+互联网模式”与“工业互联网的互联网+制造业模式”，我国也提出了《中国制造2025》，来全面推进实施制造强国战略。作为我国制造业转型升级的排头兵和技术突破的前沿阵地，上海也在积极寻找适合自己的制造业与互联网融合模式。

上海制造业主要由电子信息产品制造业、汽车制造业、石油化工及精细化工制造业、精品钢材制造业、成套设备制造业与生物医药制造业六大行业组

* 原文发表于2016年7月12日《上海观察》。

成，这六大行业占全市制造业总量的67%左右。通过分析这六大行业的主要产品类别、制造流程及产品应用环境，可以发现上海制造业绝大部分都要求具备非常高的制造核心技术，这与德美部分制造业相似。但是，从上海制造业与互联网业发展现状、制造业配套设施发展现状及我国特殊的国情来看，上海在进行融合互联网的制造业转型升级过程中，不能直接套用德美的互联网与制造业融合模式。

美国模式为什么不适用

美国制造业升级采用的是“互联网+制造业”的工业互联网模式。该模式于2012年11月由通用电气公司通过《工业互联网：突破智慧和机器的界限》白皮书提出，旨在通过智能机器间的连接，最终将人机连接，结合软件和大数据分析，突破物理和材料科学的限制，升级关键的工业领域，重构全球工业，激发生产率、提高能效和效率。在通用电气公司倡议下，美国电话电报公司、思科公司、通用电气公司、英特尔公司和美国国际商用机器公司于2014年初成立了“工业互联网联盟”，以期打破技术壁垒，促进物理世界和数字世界的融合。联盟成立两个月，成员已超过50名，囊括了来自亚洲、欧洲、拉丁美洲和北美洲的企业、高校以及研究机构。由此可见，该模式由美国强大的互联网环境与技术创新的大型互联网企业来带动，从用户角度考虑对制造业产品及行业进行升级，有着天然的互动基因。

但对于上海制造业与互联网融合与升级来说，这种模式并不适合。主要原因如下：

第一，占上海制造业GDP 80%的行业需要进行深入高端研发。产品研发与生产技术复杂，某些行业（如汽车制造业、电子信息产品制造业与成套设备制造业等）部分技术与核心技术零部件还主要依靠外来进口。另外，部分行业核心技术与制造标准缺失。同时，由于不同品牌设备之间的网络协议没有统一，导致企业内的数据信息没能得到充分利用，生产组织过程无法得到有效优化，使得互联网应用暂时难以渗透至制造业核心环节。这主要表现为：上海制造业现阶段互联网与其融合创新模式主要集中在研发设计与营销等环节的优化，很难直接接触及生产加工过程；而且因行业差异与专业壁垒影响，作为传统行业转型升级的制造业企业普遍对互联网创新理解不够，对互联网技术的理解仅停留在简单的应用层面。

第二，上海缺乏了解且引领制造业的互联网企业。中国的几大互联网公司（如百度、腾讯、阿里巴巴等）总部都不在上海。而在上海发展起来的，且现在仍然活跃在互联网行业中的企业（如饿了么、携程等）主要集中在服务行业，缺乏具有高科技及智能化基因的互联网企业。而部分制造型互联网企业对制造领域创新需求的理解和挖掘也不到位，仅停留在营销、服务等环节的初步应用。创新点大多只是抛出概念吸引眼球，没有考虑到从生产组织全过程中寻找切入点对传统模式进行变革。因此，就目前及未来可预见的上海互联网行业发展来看，上海制造业升级尚不适应“互联网+制造业”的升级模式。

第三，制造业配套的信息技术企业产品，其互联网思维薄弱。虽然上海主要制造行业都相应地配套信息技术企业，但大部分信息技术企业提供的制造业信息系统普遍难以与互联网应用相兼容，企业内企业管理系统（ERP）、制造执行系统（MES）、产品生命周期管理系统（PLM）等信息系统间的数据信息也不能及时交互。另外，工业体系改造服务不完善。以系统集成商为代表的生产性服务企业目前所开展的业务类型普遍比较单一，无法全方位为制造企业提供转型发展的整体解决方案。由于上海不同行业、不同规模的制造企业的互联网应用发展不均衡，服务于制造业的信息服务行业中没有统一的标准和路径能为制造企业转型提供支撑，相关的政策法律也有所缺失，部分企业在转型的过程中网络安全意识不强，都使得这条由互联网带动制造业发展的升级路径难以开展。

虽然“互联网+制造业”的融合模式不适合上海制造业的转型升级，但上海制造业在与互联网融合时仍可借鉴该融合模式的互联网用户思维。在不同行业进行基于互联网的制造业转型升级时，从“以产品为中心”向“以用户为中心”转变，在产品价值链的整个过程中渗入用户思维，使得与互联网的融合更加紧密、有效。

德国模式为什么不适用

德国制造业升级采用的“制造业+互联网”模式的基础是德国在2013年4月汉诺威工业博览会上正式提出的“工业4.0”战略，适合高技术制造行业，要求制造企业拥有产品核心技术。依靠互联网的互联互通概念，发展基于物联网的智能制造系统，核心是建立虚拟“网络·信息物理系统（Cyber Physical Systems，CPS）”，实现纵向集成、端对端集成与横向集成三项集成。不同地域、行业、企业的智能工厂互联，组成一个制造能力无所不在的智能制造系统；单机智能设备、智能生产线、智能车间和智能工厂可以自由动态地组合，这一灵活的生产系统能够从根本上允许生产流程的实时自优化，以满足不断变化的制造需求。

虽然上海主要制造业具有类似的高技术要求，但参照德国工业的4.0升级，上海制造业与互联网的融合目前仍然不能完全套用其“制造业+互联网”的模式。具体原因如下：

第一，上海制造业与德国制造业所处阶段不同。上海主要制造业和德国制造业基础差异很大，不在同一起点上。德国是制造业强国，中国目前是全球第一制造业大国，却大而不强。德国已普遍处于从工业3.0向4.0过渡的阶段，而上海制造业发展水平参差不齐，部分制造行业还处在向工业3.0转化的阶段，有些中小制造企业甚至处在向工业2.0转化的阶段。同时，上海部分制造行业的关键器件长期依赖进口，核心技术受制于人。核心工业软硬件、工业互联网、工业云与智能服务平台等制造业新型基础设施的技术产业支撑能力不足。由此可见，上海制造业仍处于全球价值链中低端。多重因素使得上海制造业的核心技术仍然需要较长的时间、较深入的研发完善。所以，上海市走制造业高新技术带动为主的“制造业+互联网”升级模式还需要弥补基础不足和历史欠账，特别是要加快淘汰落后产能和化解过剩产能，促使其尽快提升，实现跨越式发展。

第二，上海主要制造业与德国制造业企业类型不同。德国制造业以中小企业和家族企业居多，创新活力较强，整体的创新体系以及知识产权等相关法律体系已很完善。而上海主要制造产业企业以国有企业居多，部分制造业行业还表现出多种所有制、大中小型各类企业都有的现象。制造业企业类型的不同决定了基于互联网的制造业产业升级的路径不同。相比德国制造业，上海制造业升级是更宏观长远，也更复杂的战略规划，不仅需要重点思考传统国有制造企业引入互联网思维与基因、创新升级的问题，同时还需要考虑重视大众创业、万众创新的力量，让各种经济主体开放融合。

第三，上海制造业与德国制造业在与互联网融合的着眼点上不同。德国制造业已经有良好的技术基础，“德国工业4.0”也因此更重视硬件和技术的升级，对智能化工厂等微观和技术层面颇为看重。而对于上海制造业来说，部分制造企业对于数据的重视度还不够，且行业与企业壁垒还比较严重，不同制造行业都呈现出缺乏数据通信标准与信息共享闭塞的现状，面临智能装备集成薄弱、流程管理缺失、组织机构僵化、数据开发应用能力不足等挑战。在上海制造业与互联网融合的过程中，数字化、智能化固然不可或缺，但更需要重视在宏观层面上，将我国部分领先的互联网技术与制造业变革结合起来，这也正是2016年我国《政府工作报告》所提出的“互联网+”对于制造业的要义所在。上海与德国的制造业与互联网融合在着眼点上的不同决定了发展方式的不同。上海制造业与互联网融合应注重与制定“互联网+”行动计划相匹配，推动移动互联网、云计算、大数据、物联网等与现代制造业结合，这是上海制造业与互联网融合更加宽广的发展方向和提升空间。

虽然上海制造业不能完全套用德国的“制造业+互联网”融合模式，但仍可借鉴德国工业4.0升级过程中融合互联网技术实现互通互联的智能制造系统。未来十年，上海主要制造业企业应在坚持创新驱动、价值链转型增值、协同制造、智能转型、强化基础和绿色发展上走出自己的特色，加快迈向先进制造业企业，实现具有上海制造业特点的全价值链协同智能化融合模式。

“中国工程”转型需融合“互联网+”

□ 曾赛星/上海交通大学安泰经济与管理学院创新与战略系教授

在全球新一轮科技革命和产业变革中，互联网已成为各行各业发展的新干线。互联网与传统行业的深度融合，不仅使产业结构发生了质的转变，而且也显著推进了产业生产模式和竞争模式的变革。目前，全球产业结构加速调整，基础设施建设方兴未艾，“中国工程”正乘着“一带一路”战略的东风扬帆起航。作为新的战略支点，“互联网+”的叠加效应、扩展效应、提升效应和催化效应又为“中国工程”带来了广阔的前景和无限的潜力。如何深入理解互联网倡导的“开放、平等、协同、分享”价值理念，破解产业转型升级面临的体制机制障碍，充分利用信息通信技术以及互联网平台，让互联网与“中国工程”进行无缝跨界集成，对于“中国工程”实现从“汗水式增长”到“创新式增长”的转变，成为推进“一带一路”战略的主引擎至关重要，这不仅是对“中

* 原文发表于2015年12月10日《文汇报》。

国工程”产业创新能力的全面洗礼，也是对产业生产要素整合的严峻考验。

明者因时而变，知者随事而制。在这个被互联网重新定义的扁平化的世界中，“中国工程”亟需融合“互联网+”。

探索信息化、集成化、一体化的项目治理模式

科学的项目治理是“中国工程”转型升级的坚实基础。项目治理包括了项目这一契约组织形成时建立秩序的过程，以及在项目建设管理全过程中来维持这一秩序的过程。互联网的发展带来的不仅仅是信息传播技术的提升，更是产品形态、生活方式、认知习惯乃至社会生态的全方位转变，这种深刻的变革呼唤我们对工程项目治理的重新考量。一方面，互联网促进了组织的扁平化，改进了以效率为中心的管理工具，从而有效地提高工程质量，保证工程进度，降低工程成本，提高经济效益；另一方面，工程项目中风险与利益分配的某些失衡或不匹配，通常使得与项目相关的部分民众产生相对剥夺感，这种情感非常容易经由互联网放大而导致集体行动的出现，造成超越工程本身的严重社会问题。只有通过信息化手段、集成化机制、一体化体制，做好顶层设计，规范工程项目各环节的价值安排，形成良好的治理秩序，有效地协调利益相关者之间的关系并化解他们之间的利益冲突，才能在信息透明、“去中心化”的互联网时代夯实“中国工程”走向世界的坚实基础。

推行数据化、标准化、自动化的智慧现场

智慧现场是“中国工程”转型升级的有效保障。工程，特别是重大工程，是一个复杂的社会技术系统，建造现场管理涉及进度管理、安全管理、质量管理和成本管理等众多维度。随着物联网、大数据、云计算等信息技术的发展及其在工程现场的不断整合，“智慧现场”已经远远超越BIM等工程管理信息系统的应用范围，使现场信息的实时感知和互联互通成为可能，此外，通过信息系统积累的大量数据和知识，人、机、物之间可以更为主动地实现交互，信息

流—物流—资金流更便于掌控，不同的工程界面之间也更容易协同。工程现场的数据规模海量、流转快速、类型多样，基于大数据平台的智能算法也为分析工程现场参与者、群体及组织的认知行为，实现工程现场行为规范和动态监管以及完美解决人机物的综合协调与调度问题提供了全新的机遇。以数据化、标准化、自动化为特征的智慧现场的推广应用，将有效避免个体、组织的行为异化，防止项目承发包中的腐败行为，施工过程中的搭便车等机会主义行为，为“中国工程”永久贴上安全、稳定和可靠的标签。

构建网络化、智能化、协同化的产业生态体系

良好的产业生态是“中国工程”转型升级的有力支撑。“中国工程”产业由金融、设计（咨询）、建筑、装备制造、基建材料等核心产业以及信息技术、保险、劳务等支撑产业构成。推动互联网与“中国工程”融合，充分利用网络信息技术，开放接口，共享数据，提升全产业数字化、网络化、智能化水平，加强产业链协作，有益于打造贯穿工程项目规划、融资、设计、设备采购、工程施工、运营与管理等全生命期的整体解决方案，实现标准化设计、工厂化生产、装配化施工、一体化装修、信息化管理、智能化应用。发展“中国工程”基于互联网的协同发展新模式，在重点领域推进智能制造、大规模个性化定制、网络化协同制造和服务型制造，强化上下游追溯体系对接和信息互通共享，加快形成网络化、智能化、协同化的产业生态体系，将大大拓展“中国工程”的价值空间，用中国装备和国际产能合作结缘世界，有力推动升级版中国“走出去”，促进世界上最长经济走廊的早日实现。

来而不可失者时也，蹈而不可失者机也。“一带一路”战略为“中国工程”开启了一扇新时代的大门，浩浩荡荡的互联网大潮则给“中国工程”带来了全方位的巨大冲击，建设模式和商业模式都面临深度的变革。在“人类—计算机—物理世界”深度融合的“三体”时代，“中国工程”需明确自身的担当与定位，转换理念，拥抱“互联网+”，适应网络化生存，真正成为推进“一带一路”战略的主引擎。

大数据与商业洞察力

□ 周志中/上海交通大学安泰经济与管理学院管理信息系统系副教授

很多人认为大数据分析是计算机系和统计系学生学的课程，商学院学生学习大数据分析似乎并无必要，并且也肯定会不如前者做得好。事实是否是这样？这就要从大数据与商业洞察力的关系说起。

好的商业洞察力决定大数据分析的方法和方向

如果你手头有海量的信用卡消费数据，你觉得可以用这些数据做什么事情？通常我们的想法是这些数据可以给消费者的信用打分，判断是否提高他的信用额度。但你有没有想到用这些数据来炒股赚钱呢？Capital One的两位中国籍分析师Huang Nan和Huang Bonan从2012年开始就利用公司的信用卡消

* 原文发表于2016年11月15日《解放日报》新论版。

费数据分析至少170个上市零售公司的刷卡销售情况，据此预测这些公司的销售额。然后他们利用预测数据，在这些上市公司公布季度财务报表之前，提前购入看涨期权或者看跌期权，从公布财务报表之后的股价变动中获得巨额利益。当然他们的做法是违法的，属于利用内部信息进行交易。但他们能够这么有创意地利用数据，也体现了他们的商业眼光。三年内他们在股市上的投资收益率竟达到吓人的1800%!

美国证券交易委员会SEC（类似中国的证监会）在2015年利用大数据分析技术把这两个从事内部交易的人逮住。SEC怎么用大数据分析来逮人呢？他们主要用到的分析方法有：第一，超常收益识别（Aberrational Performance Detection），看投资人的投资收益率是否远比采用类似投资策略的其他人高。第二，链接分析（Link Analysis），从手机通话记录中找一个个社交圈，看异常投资收益是否和社交圈内的信息流动有关。还可以从交易记录中找小圈子，判断买卖是不是在一个小团伙里面进行，是不是有人合谋炒高股价等。第三，关联分析（Association Analysis），通过交易行为的相关性找内幕交易合谋者或者人头账户。第四，行为分析（Behavioral Analysis），看投资人的交易行为是否发生异常变化，或者是否和投资经验不符。比如明明是菜鸟注册的账户，操作行为却十分老到，止盈止损风险控制等都非常专业。或者一个擅长风险控制的投资老手，做多STX（Segate）还要做空WDC（Western Digital），做多俄罗斯高科技股还要做空石油股，或者突然有一天将所有头寸暴露在风险之下还动用了10倍杠杆，这些都会引起SEC的怀疑。

SEC可能动用以上四种手法中的一个或者多管齐下进行逮人，但基本上内幕交易是很难藏身的，赚点小钱都跑不掉。为何纽约是当之无愧的世界金融中心，主要还是因为美国的SEC本身就是类似Google、Facebook这样，由高科技武装的部门，有力地维护了金融市场的交易公平。在一些管理学学者看来，中国很多经济问题本质上都是管理问题或者说国家治理问题，不是靠撒撒钞票，搞搞基建就能解决的，而美国SEC展示出的强大治理能力就是一个很好的例子。

上面谈到的大数据分析建模和方法都不是凭空想出来的，而是基于深刻的商业洞察力，尤其是对金融交易行为的深刻理解。因此，只懂大数据算法或者统计学，很难做出这么好的大数据分析模型。

SEC背后负责大数据分析的企业中，有一家非常有名的公司叫视眼石（Palantir），王思聪也投资了这家公司。它的联合创始人兼CEO阿历克斯·卡普（Alex Karp）不是学计算机技术出身的，而是哲学博士，师从当代著名马克思主义学者哈贝马斯（Jürgen Habermas）。卡普兴趣广泛，有很强的思考能力，尤其有跨界思维。他能够迅速定位某个商业问题的关键属性和决定因素，形成自己独创性的见解，再配合“数据分析”手段解决这个商业问题。

如果说大数据分析是艺术的话，那么数据分析技术只是“术”，而商业洞察力才是“艺”，是大数据分析的灵魂。

好的商业洞察力帮助企业超越大数据分析的局限

保险业是重度使用大数据的行业，通常计算保费的方法是搜集投保人的信息，根据大数据统计结果计算保费。例如，车险要收集个人信息，包括年龄、收入、教育程度、违章肇事记录以及车况信息等用来计算保费。但如果有人伪造信息并且故意制造车祸来骗保怎么办？此时可以通过增加数据并构建一个欺诈识别模型来应付，也可以采取人工调查来识别欺诈，但这两种方法都需要付出高昂的成本。

德国有家初创企业Friendsurance，却通过商业模式创新的方式解决了这个大数据分析难以解决的问题。他们的商业模式叫P2P保险。投保人向亲朋好友发出建立保险互助关系的邀请，一起交保费，参与到保险互助网络中。若保险产品到期时没有出险，消费者可以获得最高40%的保费返还。若出现小额赔付，则由亲友所缴保费的资金池进行赔付。超出这个资金池的赔付，则由Friendsurance承担。

为何这个商业模式解决了大数据分析难以解决的防欺诈问题呢？主要理由有几条：第一，亲友之间互相了解，谁都不愿意把自己和骗子绑在一起；第二，保险欺诈不容易被保险公司发现，但很容易被亲友识破；第三，欺骗亲友比欺骗保险公司的道德压力更大；第四，自己的小额损失让亲友代为承担，比让保险公司前来服务来得令人尴尬，所以如果问题不大就不会随便报损。

Friendsurance的风险控制可以做得很好，以往传统保险企业通过大数据分析难以达到的风控水平，Friendsurance通过商业模式创新就做到了。这就是商业洞察力的威力，归功于对人性的深刻理解。

我们都知道，国内有很多P2P借贷平台都是典型的庞氏骗局，2016年出了多起跑路事件，包括e租宝、泛亚、中晋资产等，究其主要原因是中国政府的监管远远赶不上市场的创新。撇去这些存心想骗钱的P2P企业，真正的P2P个人消费信贷是怎么利用大数据进行操作的呢？通常，它们会利用三方面的信息来对贷款申请人进行信用评分并且控制风险，一是个人基本信息；二是在P2P借贷平台上的行为信息，比如填申请表太快，填表时间是凌晨，填表前根本没看贷款条件，这都可能降低信用分值；三是社交网站上的行为信息，比如在新浪微博上注册了多久、活跃度如何、有多少粉丝、粉丝里面有没有大V、关注了哪些大V、转发了哪些类型的微博等等。

但是大数据征信也存在一些问题，一是数据不可能全面刻画一个人。有些维度影响一个人的还款能力，比如领导力、创新能力、社交能力等，但你通常没有这方面的数据，就算你能找到相关的数据也很难准确地对这些能力进行量化。二是你用大数据进行征信，有可能污染数据源。因为贷款人知道你会利用他们的网上行为数据作为征信的依据，就会刻意模仿信用分高的人的行为。比如不再转发明星八卦、养生、鸡汤类型的微博，而是转发投资理财、摄影旅游类型的微博。

P2P贷款平台其实可以借鉴Friendsurance的商业模式来克服大数据分析的局限。比如职场新人要花钱的地方很多，他想借钱的话，可以让他的同学、老乡、他目前就职的行业里面的人借钱给他，因为对这些人，他一般是不会随意欺骗的。中国是一个熟人社会，除非你不想在圈子里混了，否则最好还是有借有还。当然“杀熟”的现象也有，但这种商业模式的风险比单纯利用大数据小了很多。

好的商业洞察力帮助企业躲过大数据分析的陷阱

一般认为，大数据可以帮助企业提高决策能力，但你有没有想过大数据分析的结果也可能是个坑呢？火爆全球的游戏《魔兽》就曾经在使用大数据上犯过错误。

2010年《魔兽世界》第2部资料片《巫妖王之怒》运营时，曾使用文本挖掘技术，在论坛上发现玩家的主要抱怨集中在职业平衡、组队难等问题上。当时的新任首席游戏设计师Greg Street（俗称“鬼蟹”，Ghostcrawler）就对游戏做了大刀阔斧的改动，在第3部资料片《浩劫与重生》中解决了玩家的抱怨问题。比如使用“随机组队”解决“组队困难”问题，让玩家不再通过公会就能够自动加入一个团队。但这严重破坏了游戏的社交属性，造成玩家之间的交流大幅减少。不用跟人沟通了，自己就可以单排副本。以前玩家在练级路上可以慢慢认识很多朋友，玩的是游戏中的友谊，改版后这些都没有了。此外，“鬼蟹”推出“职业平衡”，不但没有完全解决职业平衡问题，还造成很多职业失去特色，同质化严重，圣骑士和盗贼差不多，严重破坏了玩家的“角色扮演”体验。事实证明，这次改版非常失败，造成玩家严重流失，后来“鬼蟹”也跳槽到了Riot Games。

“鬼蟹”听到了玩家的抱怨，但没有听到voice of silence（寂静之声）——也就是那些没有抱怨的玩家。他对游戏的修改很大程度上被大数据的分析报告误导了。这个案例的教训是：解读数据分析结果需要商业洞察力，需要理解玩家为什么要玩这款游戏，为什么愿意为这款游戏付费，其他都是技术上的细枝末节。像《魔兽世界》这样的“多人角色扮演游戏”，核心的东西必然包括“社交”和“角色扮演”。如果没有深刻理解玩家对游戏的需求，就贸然修改游戏的本质属性，游戏就必然会被愤怒的玩家抛弃。

回到我们最初的问题，商学院的学生学习大数据分析技术有什么好处？你可以用商学院学到的商业洞察力建立大数据分析的模型，指导大数据分析的方向。你会知道哪些事情大数据是做不到的，需要用商业模式创新加以解决。你不会盲目相信大数据的分析结果，而是会利用自己的商业洞察力避开大数据的陷阱。

网红现象的经济学分析

□ 周　颖/上海交通大学管理学院市场营销系副教授

最近我在看网络直播，想看看那些“网红”到底是如何赚到那么多钱的，也想看看他们会说什么样的话题。关于网红问题，我认为有四个方面的内容值得分享：第一，网红经济的商业神话。在没有研究网红问题之前，我认为，他们之所以能赚钱，是因为长得漂亮；研究之后却发现，这个产业链实在太庞大、太繁琐，不是一般人可以控制的。第二，关于网红的历史变迁，即网红从1.0到3.0的变迁。第三，网红经济的商业模式。第四，网红模式的再思考。

据有关报道，目前网红产值已达到580亿元，相当于海地一年的国内生产总值、2015年中国电影的总票房、2015年优衣库全年营业的3倍、伊利2015年的全年营业额。因此可以得出结论：网红比电影明星更值钱。不得不说，网红经济缔造了又一个商业神话。

* 原文发表于2016年7月12日《东方早报》上海经济评论版。

papi酱是2015年的第一网红，其估值为三个亿。她的第一个自媒体广告拍卖，就拍出了2200万元的高价。另外一个网红是张大奕。2016年6月20日，她在淘宝做了一场直播，以红人店主的身份为自己的店铺代言。淘宝把晚上六点到十点这个黄金时段给了她，虽然她仅出现两个小时，但就在这两小时内，她卖出2000万的销售额。观看她直播的人数达41万，点赞人数有100万。

在“双11”期间，销售额排名前十位的网店当中，就有七个店是凭借着网红的力量。目前淘宝排名靠前的商家，不是靠直通车拉动，就是靠网红来拉动。

2015年12月，《咬文嚼字》杂志评出当年十大流行语，其中“网红”排名第九。眼下，网红已改变了其传统的意义，不再单指那些卖弄文字的段子手，或者是审美审丑的草根红人。现在人们在网红后面加了“经济”一词，因为他们带动了整个产业链的发展。他们和富二代、明星谈恋爱，就能轻松占领媒体头条；他们到处旅游，随手拿出一件衣服就是爆款。

关于网红的历史变迁，可以追溯的最早的代表是孔子。因为他有3000“粉丝”，有72个“大V”，他的商业模式便是《论语》。大家应该都知道：网红1.0的典型就是凤姐和芙蓉姐姐，靠出位成名；网红2.0是我们说的段子手，其代表应该是王尼玛，他是非常出名的段子手；到了3.0阶段，网红代表就是papi酱，她的小视频拍得非常棒。

网红的商业模式极其复杂，需要团队来运作。首先电商平台需要社交的引流，然后是孵化器的捧红，最后还需要供应链及电商的运营，缺一不可。

网红的上游需要许多平台运作。第一个是社交平台，最老的社交平台是新浪微博、QQ；然后是图文社交平台，比如百度贴吧、天涯、豆瓣等；除此之外，还有女性时尚网站（因为互联网网红以女性居多）。微博网红的用户粉丝呈现出快速正增长的趋势，2015年5月，粉丝的规模已经达到3.85亿。网红的出现，让微博也有了一个新的上升期。

谈到网红，不得不说一下产业链中间的孵化器。首先，孵化器的优势就在于它能发现网红。它像星探一样，到各个学校把目标挖出来，然后进行培训。其次，找寻供应链，即生产网红所穿的同款衣服。对于工厂问题的解决，方法一是自己开工厂，通过流水线方式生产。方法二是找代工，只要控制好质量。与网红的合作，其模式也可以有几种：第一，孵化器出钱打造，网红只拿提成；第二，网红自己出资，孵化器负责运营；第三，孵化器和网红双方合在一起，共同赚钱，网红拿底薪，其余的双方五五分成。如果张大奕选择这一模式，一年可以拿到一千万的底薪。

中游是孵化器，下游则是看结果（变现）。传统的变现方式有四种：广告、代言人、打赏和付费。打赏方式的出现，带来非常高的收入。比如一个拥有7000万粉丝的网红，按每个粉丝打赏一元钱算的话，赏钱也是非常可观的。

现在的网红运作非常规范，有评估体系、评估指标，包括样本数量、跨平台的数据整合、多维度的评估体系，还有动态、迭代的评估模型。

我们也不难发现，网红基本上以美女为主，占比36%；然后是创作型的，占比21%；还有动漫型等。网红变现的模式主要有两个：46%是广告，32%是电商导流。

网红模式为何能迎合大众需求？

传统的淘宝常规模式是B2C（商家到顾客），由商家先选款、上新、销售，但这可能是最浪费资源的，因为商家不确定所卖的东西是不是消费者需要的。而网红则是典型的C2B（顾客到商家），由网红展示商品，由顾客（粉丝）进行选择，然后根据需求多少来下单。因此不会积压过高的库存，一般在2-3件，而传统的互联网经济的库存是18-20件。

纵观整个互联网，其发展也已从1.0进入3.0时代。1.0时代以搜狐、新浪、网易等门户网站为代表，2.0时代以电商为代表，3.0时代以微信类社交平台为代表。而“统治”我们的三个屏，也经历了三个十年：第一个十年是电视机，第二个十年是PC端，第三个十年是手机端。我们的营销时代，产品为王在1.0时代，得产品者得天下；2.0时代是渠道为王，得渠道者得天下；接下来的3.0时代是体验为王，得消费者得天下。

作为企业家，我们的思想要随着时代的变化而变化。企业家的1.0时代是靠胆子，2.0时代是靠路子和烧钱，因此那些时代的广告战、渠道战、价格战比比皆是；现在是企业家的3.0时代，是靠脑子的时代，所谓跨界经营，靠的是创新。

网红也在不断地走创新之路，由过去的草根发展为现在的专业；由过去仅做内容，到现在做服务。未来已经发生，我们不要做旧文明的最后一代，要做新文明的新一代。

第五篇

金融秩序的重构契机

扩大汇率弹性宜早不宜迟

□ 钱军辉/上海交通大学安泰经济与管理学院经济系副教授

中国是大国，经济体量已接近甚至可能超过美国，因此必须有独立于美联储的货币政策，以应对不同于美国的国内经济问题。同时，中国也是第一贸易大国，2015年外贸总额近4万亿美元，跨境资本流动管制的效率很低。国际经济学著名的三元悖论（Trilemma）告诉我们，如果承认前面两点，就意味着人民币汇率迟早要浮动。

问题是，什么时候浮动？或者说，什么时候扩大汇率弹性，最终实现让市场决定汇率？不少学者认为短期应继续维稳，以等待更好的时机。而笔者认为，当局应在中国经济基本面还算平稳时尽早主动行动，做成这件迟早要做的事，避免到基本面恶化后被迫行动，错过“机会窗口”。

实际上，把人民币汇率维稳在当前高位，恰恰在阻碍中国经济基本面的

*原文发表于2016年4月12日《东方早报》上海经济评论B14版。

改善。首先，高估的汇率让出口行业失去国际竞争力，阻碍出口复苏。当局应当认识到，2015年的外贸顺差并不是因为出口强劲，而是因为进口疲弱，其中大宗商品价格暴跌起了重要作用。如果汇率持续高估，随着大宗商品价格反弹，外贸形势可能随时逆转，顺差变成逆差。（此外，东部地区不断攀升的房价还在帮倒忙：推高劳动力成本，进一步削弱出口行业的国际竞争力。）

其次，人民币贬值预期和美元加息预期的同时存在，导致中国不可能真正实行宽松政策。我们虽然还有降准空间，但是降准最多可以对冲因资本流出导致的基础货币收缩，而降息空间又基本被美元加息预期封死。实际上，PPI的通缩和2%左右的短期无风险利率意味着我们还在搞货币紧缩。

我们既不能指望“美元加息步伐放慢”，也不能指望美联储为中国货币政策宽松提供空间。美国货币政策松紧取决于美国国内的就业和通胀情况，其中有一样超出预期就会加快加息步伐。中国经济减速虽然最终也会反馈到美国，但是高估的人民币汇率同时起到支持全球总需求的作用（高估的汇率让中国人在全世界买买买），从而延缓这一过程。欧元区和日本的QE及负利率实质上就是竞争性贬值，而中国还在做活雷锋，何苦?

不出意外的话，PPI通缩还会继续，而且最终会传导到CPI。通缩会加重企业与地方政府的债务负担，让去杠杆过程更加痛苦。20世纪90年代中后期，我们曾经经历过类似今天的去产能、去杠杆和通缩。当时我们启动房地产业并加入WTO，同时扩大内需和外需，不仅摆脱困境，还启动了新一轮的高增长。二十年后的今天，我们已不太可能找到新的高增长引擎，用高增长解决产能过剩和杠杆过高的问题。我们可能不得不去适应潜在增长率下滑的事实，用扩张性货币政策对冲经济下行周期。可问题是，当前刚性的汇率政策束缚了货币政策的手脚。

刚性的汇率制度来自对浮动和大幅贬值的恐惧，怕民众恐慌，怕国内和国际金融市场动荡。可是这一天总会到来，我们有什么依据认为一两年后有比现在更好的时机?

虽然当前经济基本面不算好，但还算平稳。我们的消费增长依然稳健，外贸依然保持盈余，一二线城市房地产销售还颇为乐观。最后，我们仍有3.2万亿美元外汇储备，足以在汇率冲关时为市场提供稳定预期。如果一两年后，经济形势仍然不见好转甚至恶化，外汇储备因资本持续流出而大幅下降，我们就将失去汇率改革的主动权。实际上，如果没有包括汇率改革在内的重大改革落实，一两年内经济不见好转属大概率事件。

我们其实不用担心民众恐慌。绝大多数中国人的消费和投资活动都在国内，并且以人民币计价，汇率一次性贬值以及之后的波动不会严重影响到国内的经济活动。相反，如果继续维稳汇率，将贬值预期固化，反而会扭曲居民和企业行为：人们会有动机和时间过度囤积外汇，对汇率敏感的资金会通过各种渠道流出。实际上，为了维稳汇率，当局必然加强对外汇套保交易和跨境资本流动的管制（这些已经在发生），影响正常的外贸和投资活动，给各路跨境投机者和套利者送红包——道高一尺，魔高一丈，资本管制只能管住老实人。

我们也不用担心其他国家的反应。主要贸易伙伴国基本都比我国更有汇率弹性，人民币汇率政策变化后，他们的汇率自然马上调整。其他金融市场也一样，短时大幅波动在所难免，但这也是必要的调整。该来的总是要来，波动恰恰是弹性的表现，中国扩大汇率弹性，世界经济垮不了。

从当前“参考一篮子货币”的汇率制度转型到浮动汇率制度，我们可以采用一步到位来实现浮动，也可以采用动态目标区管理作为过渡。无论哪种路径，汇率和金融市场的短期波动都不可避免，也正因如此，汇率“冲关”要在我们尚有实力时行动。就像治病不能等待身体好转，因为生病会让身体更加虚弱，更加经受不起手术和药物。

当然，汇率弹性和货币宽松并非万能，只是为改革和转型创造更有利的环境。我们必须以壮士断腕的决心，坚持市场化改革方向，苦练内功，让人民币扭转弱势。实际上，改革绝非不解近渴的“远水”。中国经济潜力依然巨大，改革是实际行动，而不是口号，可以分分钟扭转市场对中国经济和人民币汇率的预期。

社会需要好金融

□ 潘英丽/上海交大安泰经济与管理学院金融系教授

什么是好金融？或者说金融如何为社会经济发展提供好的服务？这是一个全球都需要探讨的重要课题。为了尽可能准确地回答这一问题，笔者拟从金融存在的理由和利息的起源探究，以此给出好金融的判别标准；进而，笔者还将讨论美国和中国各自金融模式存在的问题，探讨好金融所需具备的必要条件，期望能为“十三五”中国金融改革提供参考。

金融存在的理由

我们先从一个没有货币和金融的、自给自足的农业社会开始。假定某年风调雨顺，粮食丰收。一家之长的农民老爸需要作出一项重要决策，即在安

---

* 原文发表于2016年《中国金融》第10期。

排好全年吃饭和来年的种子后，余粮是用来养猪还是喂鸡。养猪或养鸡都可满足家人对蛋白质的需要，但猪需要养一年才能宰了吃；而养一群鸡不仅可以提前吃肉，母鸡下的蛋还可以改善家人的生活。在征求全家的意见后，老爸决定养鸡。在这个小故事中，农民老爸已经行使了当代金融业的基本职能：将储蓄（余粮）转化为投资（养鸡的资本投入），并从家庭的实际需要出发进行了资本的有效配置（养鸡而不是养猪）。现代社会与传统农业社会的本质区别就是社会分工，这种分工不仅超越家庭和地区，而且迅速超越国界，因此需要金融业提供各种投资和中介服务。这就是金融存在的理由。通俗地讲，金融就是为家庭、企业和政府提供专业投资服务的中介机构和平台。

金融业本身既是分工的产物，也是分工发展的体现。金融业从金匠、银行、交易所平台，发展到各类财富管理基金、私募股权与风险投资等细分行业，以期实现分工的专业化优势。但是金融业的基本职能并无变化。通过金融中介，社会储蓄转化为生产性投资，并在不同产业、不同地区、不同企业、不同项目和不同家庭间进行配置，以满足社会复杂多样的最终需求。由于社会经济复杂多变，投资失败与资源错配也必定会经常发生，因此金融业必须对风险予以定价和分级，再分配给具有不同风险偏好和承受能力的投资者，让他们得到与风险匹配的投资收益。

从历史上看，金融业是个大众仰慕的“高大上”行业，一些杰出的银行家甚至还兼任国家元首或外交家的角色。现如今，金融业已成为人们既爱又恨的角色。一些机构和个人为了追逐暴利，不择手段，时常成为引发社会经济危机的祸端，国民财富惨遭洗劫。前些年发生的“占领华尔街”，便是民众宣泄对金融业不满情绪的典型事件，它促使人们进一步反思：什么才是利国利民的好金融?

利息起源与好金融的判别标准

对好金融与坏金融的讨论要从利息起源说起。关于利息起源，马克思有一个说法：利息是剩余价值的一部分，剩余价值由生产过程中的劳动创造；食利者就是剥削阶级，最终将会消亡。马克思的这一推论显然存在历史局限性。其实，广义的利息就是我们今天讲的财产性收入。当一国从贫穷走向富裕后，社会的大多数成员除了工作收入外，都会或多或少拥有生息资产并由此获得相应的财产性收入。现代主流经济学和金融学关于利息存在一个时间价值论，最早由曾经出任奥地利财政部长的经济学家庞巴维克提出。他在《资本实证论》中认为，由于对未来缺乏想象力，加之意志上的缺陷和生命的短促多变，人们会低估未来，对现在物品的估值高于对未来物品的估值，因此，出让现在物品的一方必须得到一个相当于两者估值差价的补偿，也就是利息。然而，时间价值论只解释了放款一方为何需要得到利息补偿，但并没有讨论利息来自何方。

2001年，笔者探讨虚拟经济时，通过考察资本主义生产方式兴起的历史进程，对马克思关于虚拟资本的论述作出两点总结：首先，虚拟资本是作为垫付资本参与剩余价值分配从而能够带来收益的生息货币资本；其次，虚拟资本获得独立于再生产过程之外的运动形式，取得了一种获取利息或红利收益的（似乎是自行增值的）能力。说它是资本，是指它具有增值能力或具有参与剩余价值分配的权力；说它是虚拟的，是指其相对独立于生产过程，不参与剩余价值的创造。虽然独立的运动形式使生息表现为货币资本本原的或固有的属性，但是“货币产生货币，价值产生价值，只是一种虚幻的表象，一种思想方法上的错乱”。

那么，虚拟资本为什么首先采取货币资本形式？或者说，货币资本为什么能参与剩余价值的分配？这是货币的特性决定的。马克思在《资本论》中指出，货币是从商品世界中分离出来的充当一般等价物的特殊商品。货币以及由储蓄积累形成的货币资本，实际上代表的是对社会稀缺生产资源的支配和使用权。这种支配和使用权的集中和让渡，使本来闲置或低效率利用的社会资源可以纳入高效率的生产体系。货币资本的垫付或让渡本身并不创造价值，但却能使那些更有效的生产方式得以运行。另外，家庭作为最终的债权人或投资者，其消费是进行社会投资和生产的最终目的，通过投资收益使消费的增长与产出的增长相匹配，也是生产过程得以正常运转的前提条件。正如前文农民养鸡所揭示的，储蓄者作为最终债权人或投资者，自然拥有参与新财富分配的权力。

这是各种形式的权益资本或金融资产存在的客观依据。

本轮国际金融危机的发生，以及社会上对商业银行获取暴利的质疑，再次让笔者思考利息起源和新财富的创造及分配问题。笔者认为，金融业本身并不直接创造财富。金融服务实际上是通过把社会稀缺的生产资源从低效率使用领域转移到高效率使用领域，从而在资源投入总量不变的情况下，使增量财富在高效率实体经济部门中得以创造。在此过程中，有三个相关方应该参与增量财富的分配。一是资源闲置或低效率使用的家庭部门，因为其让渡资源成为资源优化配置的前提条件。由于社会是由家庭组成的，以家庭为单位的社会消费也是社会生产的最终目的，财产性收入支撑的家庭消费增长实际上成为社会产出可持续增长的保证。二是金融业，因为其中介服务有助于社会资源配置的优化，从而使自己可以名正言顺地分享新增财富。我们说金融业是现代经济的核心，就是因为金融业通过引导社会资源的流动与配置，发挥了引领产业和经济发展方向的作用。三是直接创造新增财富的高效率生产部门，它们理所当然应得到新增财富的重要部分。由此，我们基本上可以给出好金融与坏金融的区别标准：凡是促进储蓄向生产性投资转化，实现资源配置优化，进而帮助实体经济创造新增财富的金融服务业就是好金融，反之则是坏金融。

中美金融模式各自存在的问题

多年来，我国的金融发展常常以美国为标杆，大量引进美国的金融创新工具和交易制度。诚然，美国的金融体系在长期发展过程中，不断总结经验教训，已经逐步建立起一套强化中小投资者保护、防范商业欺诈行为的有效法律制度，使得股票、债券等直接融资市场得到巨大发展，支持了高科技产业的发展和全球领先地位。但同时，美国金融体系也存在显而易见的缺陷，其最大的问题在于金融超越实体经济过度发展。这一问题主要与美元作为国际储备货币以及美国的全球财富管理需要相关。由于美元是全球储备货币，美国金融市场就必须大量提供金融产品，以满足全球150多个国家对美元储备资产的需求，由此品种繁多的金融现货与衍生品市场应运而生，且越做越大。美国包括金融衍生品在内的金融产品市值早已超过GDP的15倍。假如美国人均收入5万美元、人均财富30万美元，在GDP年增长2%的情况下，其人均收入仅仅增加1000美元；但如果资产增值2%，那么人均财产性收入将增加6000美元。实际上，富裕国家都面临同样的问题，即在GDP增长相对缓慢的背景下如何保证居民财富的保值和持续增值。由于成熟国家投资机会相对不足，他们必须投资于高成长的新兴市场经济体。为了从全球获得投资高收益，美国的金融业特别注重从全球网罗一流人才，开发新奇复杂的金融产品，并在尽可能规避长期投资风险的同时获得最大的短期收益。在利益的驱使下，金融体系日益脱离实体经济发展，各种对冲基金、高频交易等投机、套利模式被创造出来。金融不直接创造财富，但近年来美国金融GDP占比高达20%左右，说明金融资本已经凌驾于实体经济之上，攫取实体经济成果的性质日益显现。

随着中国经济体量的急剧膨胀以及对外开放的加快，金融业在经济和居民生活中的作用得到强化，各种金融创新层出不穷，但同时金融脱实向虚的现象也日趋严重。关于好金融和坏金融的话题引起社会的广泛讨论。比如，在金融衍生品市场上，有些高杠杆、高频交易者可在很短时间内获取数十亿元的暴利；各种打着互联网金融旗号的诈骗团伙不断涌现。这些投机行为的赚钱效应使更多的社会资源涌入金融市场，导致严重的资源错配和浪费。几年前瑞士学者曾用中国1800多个县市的8000多个数据进行实证分析，结果表明，贷款占GDP的比例每增长1个百分点，人均收入会下降0.164个百分点。当贷款占GDP的比例从20%上升到120%时，当地人均收入的平均增长率从2%下降到-4%。可见过度信贷不仅不能促进当地经济发展，反而容易诱导金融资源脱实向虚，投机之风盛行，形成社会资源错配和浪费，拖经济的后腿。这样的金融显然不能称其为好金融。

为什么金融容易偏离正道，脱实向虚呢？普遍原因有两个。第一个原因是信息的不对称与未来的不可知。金融活动本质上是跨时期的信用交易。比如，银行给某企业一笔贷款，企业未来能否还本付息，不仅取决于其当前的财务稳健性，还取决于该企业经营环境的未来变化。前者涉及的问题是信息披露制度健全与否，以及欺诈行为犯罪成本的高低。信息不充分、不对称很容易造成资源错配和浪费，对违约行为惩治不力则可能导致市场秩序混乱，劣币驱逐良币的后果。后者涉及金融机构的风险定价能力，如果风险溢价不能抵补相应概率的损失，金融机构就会惜贷或收缩融资活动。第二个原因是货币政策对市场定价功能和市场参与者风险偏好的干扰。当宽松的货币政策引发通货膨胀的时候，市场发现价格的功能将受到严重干扰——人们难以判断商品或资产的价格上涨是供给不足所引发，还是一般价格水平的上升，进而导致资源错配。特别是在经济下行时期，货币政策过度宽松或零利率、负利率政策的实施，会导致投资者风险感知度下降，助长房地产与金融资产泡沫，最终引发泡沫破灭或流动性“黑洞”型的金融危机。过度宽松的货币政策也会驱动宏观经济套利行为，因为从货币投放到通胀以及资产泡沫放大会有一个时差，第一时间获得宽松货币的机构可追逐通胀受益类资产，并通过加杠杆的交易行为获取暴利，导致社会贫富分化加剧和市场的大幅度振荡。

与国际上主要的经济体相比，近十年来中国金融体系的资源错配是非常明显的，资金融通对国家信用担保的银行体系形成了过度依赖。银行长期信贷扩张依赖抵押品支撑，由此导致制造业、房地产等重资产行业的企业和地方政府资产负债表的过度扩张。当资产因产能过剩无法带来回报和现金流时，不仅社会资源严重浪费，金融体系也会陷入巨大风险。据国际清算银行和IMF报告，2015年末我国的企业负债已达GDP的156%。瑞银估算，中国2015年信贷增量中有15%-20%用于偿还利息。相关研究成果表明，民营企业由于受财务硬约束，目前去杠杆相对明显，而国有僵尸企业仍在大量占用金融资源。从2000-2014年企业债券发行量统计分析看，央企占债券发行总额的47%，地方国企占45%，民营企业仅占5%。国企过剩产能无法去除，PPI下行趋势就难以逆转，最终导致许多优秀企业也将被拖垮。与此同时，地方政府的开发区和新城建设也浪费无数社会资源。据政府部门专家和学者反映，目前我国新城建设规划人口竟然已达34亿，加上旧城可容纳的人口数应该已接近48亿。这一切的发生，很大程度上根源于中央政府的信用担保，放大了借贷双方的道德风险。地方政府和国有企业将银行信贷当第二财政资源使用，商业银行也在高利差驱动下盲目扩张。

中国金融资源配置的扭曲很大程度上还在于权益资本市场发展的停滞。在过去的三十多年中，我国政府曾经先后实施银行体系（1985-1997年）与股票市场（1997-2006年）功能财政化的政策，目的在于帮助国有企业和国有银行纾困解难。这类政府行为有助于前期改革成本与后期改革红利的跨时期分摊，在维护社会稳定和经济增长的前提下实现了阶段性改革成功。政府本应在2006年前后退出股票市场财政化政策，启动发行注册制等市场化改革，但是改革受既得利益集团的阻碍或因投鼠忌器而不断被延误；保护中小投资者，防范商业欺诈的有效法律与监管制度也未能健全。随着民营企业大量上市融资，市场作为财政转移工具的性质逐步演变成了财富转移工具。在市场不具有长期投资价值的背景下，食洋不化地引入杠杆交易、衍生品交易和熔断机制等技术变革，反而带来了市场操纵、股价波动、投资者恐慌和流动性崩溃的股灾，证券市场的融资功能几近瘫痪，教训十分惨痛。

为好金融创造必要的条件

首先，需要营造好企业成长的生态环境。广义的利息或新增财富是由好企业在生产过程中创造的。当前金融界面临的“资产荒”，实质就是好企业太少，金融资源投资渠道和投资标的有限。政府应从保护国企和地方企业的“慈父”转为维护市场秩序的“警察”。要放宽行业准入限制，特别是要拓宽民营资本的投资渠道；有效保护知识产权及消费者和投资者的权益；促进优胜劣汰，严惩扰乱市场、违法违规追逐暴利的坏金融。

其次，需要健全信息披露制度，提高市场的透明度。市场透明度是金融有效配置资源的前提条件。如果存在商业或财务欺诈，金融市场的风险定价和纠错机制就会瘫痪，极易导致社会资源的错配甚至酿成金融危机。

再次，需要强化司法的独立性和执法的有效性，保障合约的有效实施。要强化市场信用基础，大幅减少国家信用担保。除重大战略产业的国企外，绝大部分的国有资本应从企业经营退为财务投资。打破个人投资者刚性兑付，树立投资风险意识。通过中央与地方财税制度改革，分离并确立地方政府自身的市场信用，接受市场机制的约束和民众的监督。

最后，需要研究并处理好广义的利息或新增财富如何在家庭、金融机构和实体经济企业之间的合理分配问题。基本原则是：家庭财产性收益增长的平均速度应跑赢通胀上升的速度；企业和金融机构应通过消除行政垄断和市场操纵的扭曲因素，来避免长期获取超额利润。

面对未知风险的投资决策：把鸡蛋放到一个篮子里

□李　楠/上海交通大学安泰经济与管理学院金融系副教授

投资的风险与收益总是相辅相成，这是金融市场投资的一个基本原则。低风险的投资收益低，反之收益高的投资就必然存在较大的风险。而大多数的投资者都希望寻求风险最小而收益最高的最优投资策略。

投资者充分了解投资项目未来的风险和收益时，现代金融投资理论给出的最优投资策略是把资金投入不同的项目中，通过分散风险，可以保证收益不变而风险降低，即众所周知的“不要把鸡蛋放在一个篮子里”的原则。

可是，细心的观察者会发现，现实生活中的不少投资者并没有把“鸡蛋”放进很多个“篮子”，而是选择把资金集中地投入一个项目或者少数的几个项目。这些投资者并非疯狂的投机者，也不是孤注一掷的赌徒，他们中有经

★ 原文发表于2016年10月17日《国际金融报》第14版。

营沃尔玛的沃顿家族，有经营金宝汤的多瑞斯家族，甚至有股神巴菲特等家族企业主。

利用信息降低不确定性

根据福布斯统计，多瑞斯家族把85%的家族财富投入到了金宝汤企业，而沃顿家族把28%的财富投入到了沃尔玛企业。为什么他们都选择把庞大的家族财富集中投入到一家企业，而不是分散风险把资金投资到收益相当、风险更低的投资组合中呢？他们难道不担心风险过度集中吗？

要想解开这背后的玄机，我们必须回到金融市场重新审视投资者在进行投资决策时所面对的问题。投资者的理想是从众多的投资项目组合中选择风险最小而收益最高的策略，如果投资者清楚地了解每个项目的风险到底有多大，收益到底有多高，那么这个优化问题并非难题。

但现实往往并不那么完美，投资者面对的不仅是风险，还有不确定性，即未知的风险。中国有句俗话，“不怕一万，就怕万一”，其实就是刻画了决策者在面对未知风险或者不确定性时的心理。正是因为这种心理因素的影响，投资者在对未来的风险没有把握的时候，通常会作出更为保守的决策；或者在投资机会的不确定性有差异时，会倾向于选择自己更为熟悉和了解的投资机会。

美国著名作家马克·吐温曾经说过：“把所有的鸡蛋都放到一个篮子里，并且看管好那只篮子。”沃顿家族、多瑞斯家族等美国家族企业主正是基于这种理念，在面对自己经营的家族企业和风险相对分散的证券组合这两种选择时，他们更倾向于选择自己更为了解且不确定性较小的家族企业，而不是看似风险更小但不确定性更大的证券组合。

股神巴菲特就曾经多次强调，他从来不投资那些他不熟悉的企业，他所投资的企业都是他通过收集多方信息充分了解的企业，而一旦了解了该企业，他对于该企业的投资力度是相当大的。

在充满不确定性的金融市场中，那些无视不确定性和风险的盲目投机者，往往过于激进；而那些担忧不确定性却又不肯收集信息来有效降低不确定性的投资者，往往过于保守，这两类投资者都很难在金融市场中生存下去，势必会被市场淘汰。

只有重视金融市场的不确定性，并能有效地利用信息降低不确定性，从而有的放矢地作出最优投资决策的投资者，才有可能成为金融市场中的常胜将军。

经济政策制定应稳定透明

从另一个角度来看，当经济不确定性增加时，大多数投资者都会倾向于更为保守的、短期的投资策略，这可能会给经济增长带来负面的影响。毕竟经济增长的原动力在于资源能够被有效地投入到具有增长前景的、有效率的生产部门中去；而所有的生产部门都会有风险，如果投资者过分强调资产的安全性，过度着眼于短期收益，那么资源就无法被有效地投入到那些有长期增长前景的生产部门中。因此，经济政策必须要考虑到经济环境的不确定性对投资者投资策略的影响，进而对经济增长产生影响。

宏观经济政策的制定应着眼于政策的稳定性、透明性，尽量避免因政策的不确定性而增加经济的不确定性，使得企业家、投资者无所适从，作出过度保守的投资决策；金融市场的监管者更应致力于建立起公平、透明、稳定的市场机制，这样才能吸引更多的长期投资者进入金融市场，充分发挥金融市场在现代经济社会中应有的有效配置资源的功能。

朝令夕改的金融市场只会吸引更多的短期投机者，而迫使长期投资者退出金融市场，造成资源无法有效地通过金融市场配置到那些具有活力和长期增长潜能的生产部门中去，最终对整体经济的发展造成负面的影响。

现代经济社会是一个由政府、企业、投资者等多方参与的动态系统，而在这个充满了风险和不确定性的动态系统中的生存之道正是在决策中考虑到不确定性的存在，并且充分利用信息有效地降低不确定性，从而做出精准的最优决策——“把所有的鸡蛋都放到一个篮子里，并且看管好那只篮子”。

多层次金融结构如何为中国产业升级“保驾护航”

□ 杨朝军/上海交通大学安泰经济与管理学院金融系教授

近阶段，我国经济增速遇到瓶颈，政府及时提出了产业转型升级的战略，但我们觉得，过去十年的政策方向有一定失误，体现在我国在产业转型升级上作出的努力收效甚微。

首先，并不是任何中小微企业都应受到政策扶持。不满足产业转型升级的中小微企业不应扶持，它们的消失反而有利于整个国家的转型，而只有符合产业升级要求的高科技新兴产业中的中小微企业才需要资本市场等金融体系的扶持。

其次，扶持高科技与新兴产业中小微企业的重任不能以银行为主承担，而应由多层次资本市场为主承担。由于产业升级的风险特性以及高科技产业化的不确定性，银行在扶持这些中小企业的过程中有先天的不足：银行的主要资金来源是储蓄存款，是储户资产配置中规避风险的部分，银行不可以将之投到高风险的高科技或新兴产业的小微企业中去；相反，资本市场在这方面有相对的优势，比银行更能起到分散风险和多元化投资的作用，更加有利于创新企业获得资本。由于银行的资金来源与存款期限结构，使得银行体系信贷审核重财报，要抵押，“看过去”；而资本市场则是“看未来”，对于那些目前既无稳定现金流，甚至又无公认赢利模式的高科技与新兴产业的中小企业，资本市场是其最好的生长发育土壤。

始于2012年的温州金融改革成效不显著，即为上述两个失误的表现，在谁应受到扶持与由谁来扶持这两点上模糊不清。温州金融改革本质上仍未脱离对传统银行体系的依赖，商业银行对企业的融资占比依然很高，中小企业获得资本的成本仍旧很高。

改革开放后的第一个三十年，我国在银行体系为主的金融结构支持下，传统产业的发展比较成功，但也留下了较大的后遗症。从2005年开始，我国政府就提出了产业转型升级的要求，并将其作为重要内容列入了“十一五”和“十二五”规划中。但这十年来我国整体的产业转型升级并不成功，最主要的一个原因就是金融结构与产业转型升级不相匹配。具体来说，一方面是在国家顶层设计中对金融结构的优化问题认识不够充分；另一方面是资本市场本身也没有达到应有的水准，不能承担起推动产业转型升级的重任。而造成后者的原因主要有两个方面：一是由于资本市场从1990年开始发展至今，运作时间较短；二是由于对资本市场重要性的认识不充分，致使其还不能承担起应有的作用。这两方面原因其实是互为因果的，所以我国银行体系还不能胜任产业转型升级的第一重任。

如果我们把眼光投向美国与日本，这两国的经验教训证明了多层次股权资本市场对推动产业升级起着关键作用。

美国资本市场是国际上较为成功的资本市场，其通过建立股票市场、风险投资等平台，极大地带动了整个国家的产业转型升级。而日本是以银行为基础的金融结构体系，通过我们的差异对比实证研究发现，其金融结构推动产业转型的作用相对较小。虽然日本的经济实力和产业地位在世界上与美国曾经有过比肩的水平，但在近三十年向IT科技产业转型的机遇中却没有成功完成转变，形成了当下两国产业升级水平之间的较大差距。我们认为，美国与日本的差异主要在于金融结构体系。

美国资本市场的特点可以用“多层次”来形容，适合帮助处于行业生命周期不同发展阶段的企业融资发展，并通过强大和多样化的机构投资者与市场形成一种共生关系和良性循环。美国的机构投资者集体评估投资机会，帮助优化市场资源配置功能，最终将金融资源从不良的产业引到前景光明的产业，从而加快产业结构升级。自20世纪80年代中后期到2008年，美国的纳斯达克共有1.1万多家公司上市，同时也有1.2万多家公司退市。纳斯达克在择优的同时，也有严格的退市制度，保障挂牌企业的质量的同时，也对它们产生了约束压力。这种优胜劣汰的机制保证了纳斯达克市场的良性发展，促进了美国产业的结构调整和升级换代。

而以日本为代表的主银行制度和以美国为代表的市场体系之间的差异，不仅仅是提供资金重要性的不同，而是因为在以银行为基础的系统中，银行不仅供应企业的资金，它还直接或间接地影响和塑造市场、风险投资和金融体系中的其他金融机构参与者。占主导地位的银行体系也影响日本的风险投资业。日本创投公司往往属于银行、证券公司，或作为一个更大的金融股权公司的子公司。与独立的风险投资公司相比，由于其母公司的保守风格，VC相对缺乏自由和项目评估技术，这使得日本风险投资公司比一般的VC更为保守，尤其在早期日本VC行业的发展过程中，VC投资大多集中在传统行业的后期领域。

他山之石，可以攻玉。成功的经验显示，一国产业升级必须主要依靠股权资本市场。新兴产业确立的过程中存在两大特点，一是较多的风险和不确定性，二是多元化的信息和观点。当技术创新的风险较大时，资本市场比银行体系更能起到分散风险和促进多元化投资的作用；对于信息的多元化，证券市场具有加总不同观点的多次审查机制，并且存在外部控制权市场作为外部治理机制，这些特点更利于创新企业获得资本。我们认为，只有资本市场才能推动国家的产业转型升级，风险投资对技术创新是至关重要的，由于其多级分散化运作原理，风险投资具有允许并承受试错这一高科技创新所特需的资本特性。因股权融资在后期不需要偿还，而债权则面临还本付息的压力，对于面临大风险的高科技产业类的企业来说，其最希望的是股权融资，而不是债权融资，所以何时可以获得稳定的现金流存在较大的不确定性。

世界发达国家的发展历史表明，在早期的传统经济模式下，银行体系是较为有效的，但当一个国家的传统经济发展到后期阶段，经济已经比较发达，需要进一步转型的时候，资本市场则更为有效。这是符合金融结构的演化规律的：即一个国家为了配合经济从低级阶段到高级阶段的发展，必须经历从低级金融结构到高级金融结构的发展；一般而言，银行对应着比较低级的金融结构形态，资本市场则对应着比较高级的金融结构形态。在经济发展水平的低级阶段，民众收入较低，但随着经济发展水平的提高，民众越来越富裕，从家庭资产配置的角度，家庭单位将有更多的盈余资金可以投入资本市场，资本市场得以具备繁荣发展的基础。因此，金融结构的演化总体上是朝着高效率的趋势方向发展的。

因此，在整个国家产业转型升级政策指引大方向确定的情况下，需要通过官方媒体对民众加强教育与宣传引导，改变民众对于财富的认识，不能把土地等重资产作为主要、唯一的财富，而应逐步树立高科技产业资本的财富观。

更重要的是，要确立加快多层次资本市场建设作为中国国家金融发展的战略。不妨适度调整现有的政策，把多层次资本市场建设放在产业转型的核心位置，将其提升到中国国家金融发展战略的高度而昭然全国，同时，着重推动发展多层次的股权资本市场。在引导大众创业、万众创新的社会共识大潮流中，充分认识到多层次股权资本市场帮助引导“双创”施政纲领执行的重要意义。

让“两只手”形成合力

□ 夏立军/上海交通大学安泰经济与管理学院会计系教授

在中国股市二十多年的历史中，2015年6月爆发的股灾以及政府采取的救市行动可以说绝无仅有。股灾和救市行动还没有结束，但思考和厘清中国股市中政府与市场的关系却不容等待。

一个好的股市绝对不可能是完全自由的市场，需要政府之手加以监管。股市是信息和资金高速流动的市场，其中可以被操纵的环节和漏洞太多。仅仅依靠市场自身的力量，无法形成一个好的市场。从各国股市发展历史和实践来看，将股市纳入法治和监管轨道已经没有争议。即使股市有了很好的法制规则，这些规则也要依靠监管部门去执行和落实。而规则法条不可能是完备无瑕的，股市发生各种“事故”也就不足为奇了，因此监管部门的相机监管乃至干预市场也就非常重要。中国股市有大量的散户群体参与市场，因而更容易发生

---

* 原文发表于2015年《董事会》杂志9月刊，有删改。

群体性的非理性行为，也更容易被各种市场操纵力量所利用。同时，中国的法院系统在股市治理中所能够发挥的作用还非常有限。中国股市的这些基本特点使得中国股市监管部门可能比成熟市场监管部门面临更大的挑战，因而更加需要积极地采取行动。从这次救灾来说，当股灾“事故”已经发生，意识到股灾对国家金融和经济全局的重大负面影响时，采取果断的救市行动便是必要的。

一个好的股市也绝对不可能依靠政府频繁的干预来运转。中国股市自设立以来，监管部门乃至其他政府部门及官方媒体对股市的频繁干预一直没有停止过。从公司发行上市、增发重组、暂停上市到退市的整个过程，都长久地存在高度管制，用管制代替监管。虽然市场化一直是努力的方向，但是直到现在，大量事前的管制依旧代替了事后的监管。同时，股市无论是涨是跌，经常性地被官方媒体“引导”方向，似乎政府部门最清楚股市应该涨到哪里，又应该跌到哪里，甚至怎样涨跌是合理的。这种频繁的“引导”，不仅可能扰乱市场本身的运行规律，还可能进一步使得大量散户被市场操纵力量所利用。

亚当·斯密早就警告说，“在政府中掌权的人，容易自以为非常聪明……他似乎认为他能够像用手摆布一副棋盘中的各个棋子那样非常容易地摆布偌大一个社会中的各个成员；他以为：棋盘上的棋子除了手摆布时的作用之外，不存在别的行动原则；但是，在人类社会这个大棋盘上每个棋子都有它自己的行动原则，它完全不同于政府机关可能选用来指导它的那种行动原则”。从这次股灾而言，政府在紧急情况下采取的种种救市措施虽然是情理之中。然而，某些措施却与相关法律和契约精神相违背，救市措施对市场机制和理性预期的破坏等后遗症也逐渐显露出来。

未来向何处去？中国股市现如今无论从参与人数、上市公司数量、成交额、市场总市值而言，放在全世界，也已经是一个巨大规模的市场。这样一个巨大的市场，稍有不慎，便有可能对中国的金融系统乃至整个经济产生巨大的负面影响。这就要求监管部门要有如履薄冰的精神，严密堵住股市各个环节的监管漏洞，谨防股市发生重大“事故”。然而，中国股市不仅规模巨大，散户众多，金融创新不断推进，同时法律责任薄弱，给各种无意的“事故”以及有意的市场操纵留下了空间。要让这样的股市不出重大“事故”，可以说，中国股市监管部门面临着巨大的挑战，而这次股灾也是一次考验。

我们相信，在国家强力干预下，股灾终将过去；但是，股灾留下的教训是深刻的。展望未来，一方面需要继续培育和发挥市场本身的机能，引导投资者理性参与市场，让市场“看不见的手”充分发挥资源配置作用；同时，要对各种股市漏洞环节尤其是各种可能被操纵的环节查漏补缺，用法律责任和严厉监管堵住“事故”发生，让政府“看得见的手”真正到位而不越位。

高送转魔法

□ 陈　欣/上海交通大学安泰经济与管理学院会计系副教授

每年年报季，都是一次围猎高送转股票的盛宴。

上市公司高送转看似只是一个数字游戏，其实质却是股东权益的内部结构调整，但这对公司的净资产收益率、盈利能力并没有实质影响。然而，A股市场投资者却对高送转题材趋之若鹜，每年的11月起，A股市场总会有一笔资金提前布局高送转潜力股，开始炒作高送转题材的股票。首先，A股市场会对“高送转”概念股进行预期炒作，在公司公告高送转预案后再过渡到实质性炒作，而后，在股东大会通过日、股权登记日等重要时间节点附近寻找空间继续炒作。2014年，高送转又达到了一个高潮，而2015年较历年高送转公司的数目更是高出许多。如何理解上市公司，尤其是中小型民营公司的高送转热潮呢?

---

* 原文发表于2015年4月27日《证券市场周刊》。

高送转"魔法"增加市值

高送转一般是指每10股派送红股和转增股本5股及以上。其中，送股是将上市公司的利润以股份的形式向投资者支付；而转增股则不属于利润分配范畴，是将资本公积金转为股份给投资者。从实施效果来看两者基本一致，上市公司都无须拿出真金白银，对于上市公司的运营和现金流不产生影响，因此受到上市公司的青睐。

近年来，上市公司高送转案例较之以往大为增加。这主要与2010年后的IPO扩容有关。2010-2012年间，中小板、创业板共上市691家公司，这些股本小、高成长的公司有更大的诉求扩张股本，做高市值。而在2014年的上市公司分配方案中，10送转10已经成为标准配置，更有不少上市公司甚至推出了10送转20的方案，引发市场热捧。比如，赛象科技在2014年12月25日披露了10股转增20股的利润分配预案以后，股价不断飙升，且公司不断放出资本投资等利好，但不久后大股东、高管却相继减持。再比如，2015年1月22日，海润光伏公告称，公司前三大股东杨怀进、江阴九润管业及江苏紫金电子提交了每10股转增20股的分配预案。公司股票随之大涨。然而，公司的主要股东却在这一时间点附近大幅减持股份，2015年1月7日至20日，第一大股东紫金电子分四次共减持海润光伏1.77亿股；1月27-28日，九润管业也减持约7840万股，套现近7亿元。减持完成后的1月30日，海润光伏却公告2014年预亏8亿元，且由于连续两年亏损将被ST。此外，朗玛信息在1月

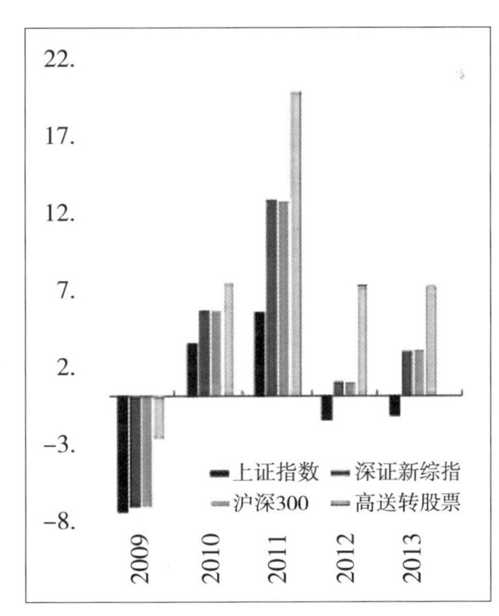

资料来源：Wind. 民生证券研究院

图1　历年年报高送转概念股收益情况

29日晚披露2014年利润分配预案为10股转增20股，同时因筹划重大事项从1月30日起停牌。3月20日公布业绩不佳的年报后，公司股价仍然大涨。

投资者不仅热炒高送转的分配预案公布，而且对高送转实施过程中的重要事件也反应积极。市场对高送转股票的炒作往往一直延续到股权登记日后。

表1　2014年年报高送转股票在重要事件日附近的回报率

	重要事件	-3天	-2天	-1天	事件日	+1天	+2天	+3天	七天期间
平均实际收益率	年报公布日	1.59%	1.99%	2.54%	2.65%	1.55%	1.29%	2.18%	14.62%
	股东大会日	2.47%	1.74%	1.98%	2.61%	1.62%	2.12%	3.75%	17.46%
	股权登记日	5.19%	5.58%	4.68%	2.97%	3.04%	1.83%	3.90%	30.51%
平均超额收益率	年报公布日	1.31%	1.63%	2.21%	2.53%	0.84%	0.87%	1.84%	11.77%
	股东大会日	2.23%	1.66%	1.42%	2.33%	1.42%	1.76%	3.94%	15.70%
	股权登记日	5.20%	5.30%	4.22%	2.63%	2.34%	1.15%	3.29%	26.69%

资料来源：本文作者整理

从表1可以看出，在年报公布日、股东大会日、股权登记日等重要时间节点附近，高送转股票的平均实际收益率和超额收益率均为正数。

其中，在年报公布日附近的七天中，高送转股票的平均实际收益率为14.62%；在股东大会日附近的七天中，平均实际收益率为17.46%；在股权登记日附近的七天中，平均实际收益率为30.51%。将这21天的平均收益率加总，可以获得高达62.58%的惊人回报。即使是看高送转股票的平均超额收益率，其回报也是同样惊人。在年报公布日、股东大会日、股权登记日附近的七天中，平均超额收益率分别为11.77%、15.7%和26.69%，这21天的平均超额收益率加总为54.15%。这还没有考虑高送转股票在预案披露前的预期炒作和预案披露后市场反应最大时期的回报。

由此可见，对于A股市场来说，高送转就像一个“点石成金”的魔法，平均来说能将公司的市值提高一倍以上。无怪乎散户们趋之若鹜地疯狂追逐高送转公司的股票。而民生证券在跟踪2009-2013年高送转预（公）告发布前后平均收益率，与市场指数比较后也发现：高送转股价表现优于基准收益率，以上证综指为例，最低超出上证综指3.7个百分点（2010 年），最高超出14.6个百分点（2011年）。

高送转本质上不创造价值

上市公司送股、转增股票在本质上属于股份分拆行为，不涉及现金流的支出，因此按理不应属于向股东进行分红的行为。然而，按照中国《个人所得税法》的有关条款，个人持有境内股票所送红股，需按相关比例税率缴纳个人所得税，以派发红股的股票票面金额为收入额计征；对于以资本公积金转增的股本，则不征个税。也就是说，上市公司高送转行为本身不仅未增加公司当期或未来的现金流，反而在送股的情况下因税务负担导致股东的支出增加，因此不能带来公司价值的提升。

而且国家为了鼓励长期投资、抑制短期炒作，自2013年1月1日起，对个人从公开发行和转让市场取得的上市公司股票，股息红利所得按持股时间长短实行差别化个人所得税政策，将之前统一为10%的所得税率调整为：持股超过一年的，税率为5%；持股一个月至一年的，税率为10%；持股一个月以内的，税率为20%。中国个人投资者一般都换手频繁，持股期较短，因此有较大比例的投资者会承担所送红股20%的税负。有鉴于此，上市公司在进行高送转时也尽量采用转增股份的方式，减少投资者的税负，以增加对其的吸引力。

从2014年的194个高送转方案来看，仅有21家公司在转增股份的同时，还采用了送股的方式，且送股的比例占送转总股份的比例较低。

高送转现象的学术解释

既然高送转本身并不创造价值，为何多年来市场却持续追捧高送转概念的股票，且公司发布高送转方案会带来价值的大幅上升呢？在中国独特的市场环境和制度背景下，学术界对此现象提出了多种理论解释，主要为“信号传递假说”和“价格幻觉假说”。“信号传递假说”认为，上市公司与股票投资者之间存在信息不对称，公司进行高送转主要是为了传递对未来预期的乐观信息。因此，投资者在观察到高送转信号后持续买入公司股票、推高股价是对此正面信息的理性反应；“价格幻觉假说”则认为，中国投资者追逐高送转股票的行为非理性。公司的股票价格在高送转除权后得到了大幅降低，而个人投资者对低价股存在较强偏好，认为送转的股票是“免费”的，因此是市场的“价格幻觉”间接地提高了公司的市值。

那么上市公司为何要进行高送转呢？学者们的早期解释有“最适价格假说”和“股本扩张假说”。“最适价格假说”认为，高送转是上市公司为了将过高的股价维持在一个合理区间内，以增加公司股票的流动性；而“股本扩张假说”则认为，由于上市时的融资规模和价格受到严格限制，中国的公司在上市后有强烈的股本扩张动机，因此通过高送转来迅速增大股本。但这两种理论都难以解释为何高送转的公司价值有如此之大的提升。“股利迎合假说”则绕过了对高送转公司股价大幅上涨是否合理的争辩，认为上市公司的高送转行为很大程度上是为了迎合投资者对高送转分配方式的偏好。只要投资者对高送转存在较强偏好，并愿意为此类公司支付较高溢价，那么上市公司就存在迎合该偏好的动机。投资者愿意支付的溢价越高，公司就越愿意高送转。这能较好地解释了，为何在此轮大牛市当中，上市公司的高送转方案层出不穷，10转10已成为“标准配置”，还出现了不少10股送转20股的方案。

笔者曾对高送转设立了预测模型，利用上市公司分配方案披露前的财务数据，对其当年年报是否进行高送转进行了预测。研究结果表明，上市公司的股价越高，年报高送转的概率就越高；公司的总股本越小，高送转的概率越高；每股积累（每股未分配利润与资本公积之和）高的公司，高送转的概率更高；次新股高送转概率高；上一年高送转公司，本年度继续高送转的概率较高。

市值管理动机是根本

那么，上市公司迎合投资者对高送转的偏好，其根本目的是什么呢？有必要分析上市公司自身、其控股股东或管理层等方面的市值管理动机。只有当其存在推高股价的市值管理动机时，公司才更可能进行高送转。

在2014年年报进行高送转的194家公司的近期公告中，可以观察到大股东解禁、股东减持、定向增发、资产重组、股权激励、员工持股计划的信息充斥其中，似乎很难理清其中的关键。实际上，理解上市公司的市值管理动机是诠释其行为的根本。譬如，公司的控股股东是否将解禁，前一年参与定增的小非是否将解禁，公司是否有定向增发的计划，管理层的股权激励是否已经过了行权期等。

由于大多数情况下公司仅需为股东支付红利税配套进行极少数金额的现金分红，因而高送转仅仅是个工具，是影响股价的较廉价的合法手段之一。当上市公司存在短期推高股价的市值管理动机时，公司不仅会使用高送转的工具，往往还会陆续披露其他利好信息来配合促使股价上涨。比如，2015年1月27日金信诺在宣布10转15派1元分配预案的同时，又公布了拟定增募资不超过6亿元的再融资方案，用于收购美国特种印制板公司股权、投资金信诺工业园项目、偿还银行借款及补充流动资金。此时，公布高送转消息显示了公司较强的市值管理动机，是公司维护股价稳定，保障增发成功的重要手段之一。

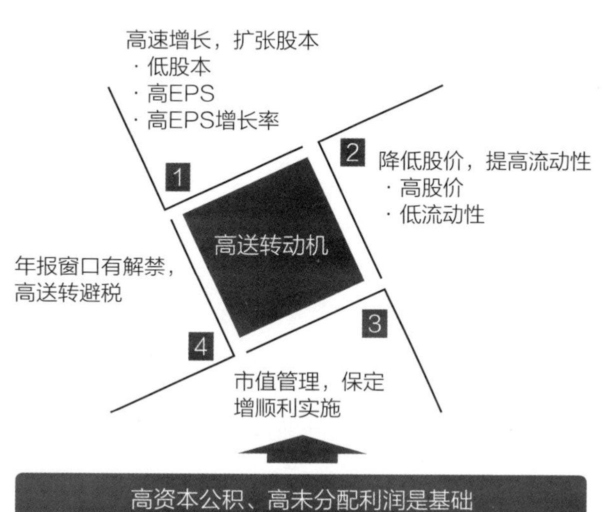

数据来源：中信证券

图2　高送转股票路径图

高送转的税务筹划动机

在中国，自然人自证券市场进行上市公司股票买卖所取得的股票转让所得暂免征收个人所得税。然而，限售股的取得成本一般较低，待解禁后进行转让时所取得的收益也比一般投资者的收益要高很多，所以国家针对限售股解禁后转让所得征收个人所得税。

根据2009年年末财政部、国家税务总局和证监会联合下发的《关于个人转让上市公司限售股所得征收个人所得税有关问题的通知》，自2010年1月1日起对个人转让限售股取得的所得，按照“财产转让所得”，适用20%的税率征收个人所得税。按照该文件的规定，在原始股未解禁之前进行的高送转，无论是原始股还是获得的新股，持有人减持时都要缴纳20%的所得税；但对于解禁之后进行的高送转，原始股东所获的送转股票不作为限售股，在减持时就不需要缴纳20%的所得税。

因此，出于税务筹划的动机，上市公司一般不会在解禁前完成高送转，而将高送转的执行日期（除权日）延迟至解禁后。而且，不少限售股东在解禁后的低位选择立即抛售，同时又从二级市场上买回，这样未来如果股票继续大幅上涨，再行减持时，二级市场的盈利就可避免被征收高额税款。

散户和机构的博弈

在2007年的大牛市中，上交所曾为市场提供赢富数据库，对个人投资者及不同类型的机构投资者每日持仓以及账户数进行了分类披露。笔者曾利用该数据对2007年年报分配中进行不同类型分红的股票在重要窗口期附近的投资者持仓变化进行了研究，由于数据受限，仅分析了沪深300指数中140家当年分红的沪市股票。

研究发现，个人投资者与券商基金类机构对于分红表达出了相当不同的偏好。上市公司送转比例越高，券基类投资者越有可能在年报披露后，增持送转公司的股票，但并不会在股权登记日后增持；而上市公司送转比例越高，个人投资者越有可能在股权登记日后增持送转公司的股票，但在年报披露后的增持净额并不明显。这样的投资者分类增持高送转股票的趋势对于现金分红的公司来说均不存在。

此研究还发现，个人投资者在公司披露高送转方案后会逐步增加持仓比例，从年报披露前5个交易日的46.48%平均持仓比例逐步增加为除权除息日后5个交易日的平均持仓49.54%。在此期间，个人投资者的账户数也呈现攀升趋势，而券基类投资者的持仓比例则基本呈相反趋势变动。券基类机构在公司披露高送转方案后开始逐步减持，从年报披露前5个交易日的33.74%平均持仓比例逐步降低为除权除息日后5个交易日的平均持仓29.54%。同期券基类投资者的账户数也随之下滑。

可以将高送转股票的炒作理解为一场散户和机构之间的博弈，机构投资者利用散户对于高送转公司的非理性偏好，逐步拉高股价，并派发股票获利出场；而散户为了得到“免费”获取的送转股份，在高送转公司股价大幅上扬的过程中，不断加仓并最终被套。

中国的个人投资者长期以来一直热衷参与对高送转公司的炒作，在上市公司虚无缥缈的各种利好中推高股价，幻想公司股价除权后还能继续“填权”。

2014年以来的大牛市带来了大量新生代股民，他们对于高送转的内在本质还缺乏认识和了解，助长了对高送转公司的热炒。而民营中小型上市公司利用市场的定价失误，迎合散户对高送转的偏好大批进行高送转，以达到其高位减持或定增的目的。在此过程中，受损的终将是最后参与“击鼓传花”的投资者。

（笔者的学生欧阳冉和刘朝君对此文亦有贡献）

第六篇

品牌梦想的探求路径

“产品＋平台”模式：传统企业的互联网转型

□ 陈宏民/上海交通大学安泰经济与管理学院应用经济系教授

海尔冰箱的启示

2016年3月，海尔发布了一款能够提供智能人机交互的冰箱，引起各界关注。这款名为“馨厨”的冰箱与其他冰箱的外观区别，只是柜门上多了一个类似iPad的显示屏——然而，这个小变化或许能够从根本上改变冰箱的属性。

首先，这个显示屏可以记录冰箱中食物的储存情况，包括各类食品数量和保质期，形成完整的食物库存单。其次，利用显示屏可以连接相关的生鲜电商和食品供应商，根据库存情况快速补充食品。还有，显示屏提供各种烹调指南和视听节目，使得厨房里的时间不那么无聊。显然，通过这个小小的显示屏，

---

* 原文发表于2016年《财经周刊》第17期。

海尔希望将传统以保鲜为目的的冰箱演化为厨房的互联网终端，成为一个集购买、储存、烹饪、娱乐、交互五大厨房场景于一身的平台。

馨厨冰箱只是一个开端。更完备的食品库存记录，需要冰箱能够识别食品包装上的条形码与保质期；更便利的食材购买，需要冰箱能及时分析用户消费习惯，智能化地提出购买建议；对烹调进行个性化的智能支持，也需要冰箱能对用户烹饪行为及评价进行及时跟踪，推荐适合用户口味的菜肴等等。要实现这一切，还有许多技术问题需要解决，不仅仅是多一块屏幕而已。而诸多功能中，对制造者未来发展最具意义的则是屏幕背后的平台功能。

馨厨冰箱只是一次尝试。海尔的“U+”计划代表着传统制造业适应互联网时代，向“互联网+”转型的一次非常有价值的探索。我把这种转型模式称为“产品+平台”模式。

“产品+平台”：传统企业的模式转型

互联网二十多年的迅猛发展彻底改变了这个世界，只要摩尔定律、吉尔德定律和梅特卡夫原则继续有效，这种改变将依然快速持续着。而在当前，对经济社会影响最大的无疑是促进经济活动、社会活动乃至政府管理深刻互联网化的“互联网+”行动；虽然，全球经济下行及一些互联网企业的探索失败导致了这一行动的减速，但是互联网化的总体趋势并未改变。

我国关于“互联网+”与“+互联网”的成败高下之争一直不断。通常认为，传统企业利用互联网做增量和渠道，而原商业模式不变就称为“+互联网”；依托互联网创新商业模式才称为“互联网+”。在传统企业与互联网企业交锋的第一个回合里，传统企业显然处于劣势。杀入各传统行业的互联网企业大都采用开放的平台型商业模式；从淘宝天猫到滴滴打车，从春雨医生到陆金所，无不如此。相反的，传统企业以传统产品和服务为经营对象，一时难以向平台型商业模式转型；在百货零售领域，无论是美国的沃尔玛，还是中国的王府井百货，都曾下大力气试图向平台转型，但都以失败告终。

平台，在互联网及大数据、云计算等一系列新技术的支撑下，正展现着前所未有的生命力；小到一个企业或者一个行业的转型升级，大到整个经济社会的转型发展，平台模式在其中正起着越来越重要的促进和引领作用。能否在商业模式中成功引入平台，或许是许多传统企业转型的关键。本文提出的“产品+平台”模式，是对一些成功转型者的提炼与总结。

几年前，苹果公司开启了“产品+平台”模式的先河。2008年7月，苹果公司推出网上应用程序商店（App Store），通过开放应用开发包（SDK），吸引大量第三方开发者提供针对苹果产品的应用软件，不到一年时间就达到5万个应用，累计下载10亿次。至此，苹果公司完成了一次重要的转型——从经营产品到经营“产品+平台”的模式。短短几年里，苹果公司依托产品规模建立平台，通过平台整合资源，提升产品功能，进一步扩大产品销售，实现了持续快速发展。这是“互联网+”的功劳。

苹果公司的“产品+平台”模式从根本上颠覆了手机的功能，极大地推进了移动互联网的普及，产生了巨大的交叉网络效应；其自身的商业模式也发生巨变，所以是一次“互联网+”转型。而海尔馨厨冰箱所提出的厨房平台概念，也可以视为“互联网+”模式创新的努力，当然能否成功还要看其产品的后续效应。

“产品+平台”模式，对许多制造型企业很有启发。平台的打造通常需要两条或更多条边，通过各边之间相互吸引促进、构筑平台，才可能实现借力打力。对于那些已经积累一定市场规模的企业而言，原有产品及用户已经形成第一条边；只要找到能够被这条边的用户所吸引的另一群用户，也就是找到与原有产品具有互补性质的产品或者服务，就可能形成第二条边，从而完成平台的初创。苹果公司就是发现了那些被数百万台iPhone或iPad所吸引的应用软件开发者，才搭建了一个交互平台（App Store）将他们连接起来，因而从中受益无穷。现在摆在海尔面前的挑战是如何吸引开发那些食品供应商、美食研究者、营养设计师或娱乐产品供应商，通过一个体验良好的平台连接，完成自己的“产品+平台”模式。

不少传统企业也试图向平台转型，但都觉得非常艰难。海尔也沿着这个方向走，搞“企业平台化，员工创客化”，同样遇到了许多困难与阻力。事实上，对于传统企业而言，产品的平台化或许比组织架构和管理模式的平台化还要简单些。

"产品+平台"模式不同于现在流行的"产品+服务"模式，后者往往只是企业向用户端的延伸。立邦本是一家涂料制造商，可是为了提升市场竞争力，它积极向下游延伸，推出所谓"立邦刷新服务"，帮用户搬家具、刷涂料；只要你买了立邦的涂料，剩下的事儿就都是立邦的了。"产品+服务"模式虽然能够帮助企业贴近用户，提升用户消费体验，但是经营模式并未发生重大改变，算不上转型；而"产品+平台"模式则是一次实实在在的转型。

"产品+平台"模式使得一些原先以产品制造为核心业务的企业实现一次升华，这个升华带来了两方面的价值。一方面，通过平台引入了具有互补性的产品和服务，这些互补产品与服务的连接使得原有产品的附加值得到提升，增加了原有产品的市场竞争力；另一方面，平台在给那些互补产品或服务的供应商带来价值的同时，也向这些供应商收取服务费，比如App Store向在其上销售产品的应用软件供应商收取30%的服务费。也就是说，向"产品+平台"模式的转型，能使企业从一个盈利点发展为两个盈利点；不仅能够依托平台提升产品价值，扩大产品销售和利润，同时还能够依托产品扩大平台规模，使平台获利。前瞻地看，凭借"产品"与"平台"的相互促进，共同提升，还能给企业未来的发展创造巨大的空间。

产品为主还是平台为主：转型后的定型

企业转型为"产品+平台"模式，可以发展为两个盈利点；但这通常是有主次之分的。因此，企业走到"产品+平台"，只是实现了转型，而未来却可能有两种不同形式的定型。

第一种可称为"产品拓展型"，是以提升产品竞争力为目标的"产品+平台"模式。这时的企业搭建平台的目的主要是为了提升自身产品的附加值，平台盈利与否只是一个从属目标。苹果公司的策略就是如此。它建立App Store是为了让公司的产品在市场上更有竞争力。近来苹果公司推出的苹果支付

（Apple Pay），也是如此。

第二种可称为“平台创新型”，是以提升平台价值、扩大平台规模为目标的“产品+平台”模式。这时企业以原有产品为跳板，逐渐向平台型企业过渡；经营平台最终成为企业的核心业务。支付宝就是这类策略的典型。在2003年推出时，支付宝只是作为淘宝的一项增值服务，为淘宝迅速崛起立下了汗马功劳。但是马云很快意识到支付宝作为支付平台，具有更加重要的商业价值，于是便让支付宝独立于淘宝，“躺下来”做基础设施，去扩张淘宝之外更大的市场空间。

上述两种不同的战略定型，区别在于是否让自己的平台向同类产品开放。苹果公司定位于前者，所以App Store不向三星、诺基亚等其他型号手机开放；而支付宝定位于后者，因此对各类网络支付需求者开放。若干年之后，或许淘宝已经凋零，但支付宝依托其支付平台却缔造了巨型的商业帝国。

因此，当企业实现了“产品+平台”的战略转型后，仍需要审时度势，为自己的未来选择更加明确的战略定位。

品牌危机类型及公关方式

□ 王良燕/上海交通大学安泰经济与管理学院市场营销系副教授

说起危机，消费者和企业都有许多苦水要吐。麦当劳福喜事件、康师傅馊水油事件，让我们感叹中国消费者已然“百毒不侵”；旅行平台泄密，链家违规交易，让我们感叹“人与人最基本的信任”何在！

“信任”一词，不仅是社会交换关系的基础，也体现了消费者与品牌之间的情感关系，可以直接影响消费者的购买意愿；因此品牌危机管理的核心是对品牌信任的管理。那么，如何减少企业因为品牌危机带给消费者的伤害值？企业如何洗心革面，做好危机公关？

品牌危机涉及面广，凡是产品、服务、企业整体或员工个人有任何不当行为，在互联网时代一经传播，就很容易伤害到我们广大消费者的“玻璃心”，破坏长久以来建立的信任感。据学者研究，品牌危机大致可归为两类：一类简称能力型危机，与品牌绩效和企业能力相关，是指由于企业的业务能力的失败引起产品和服务质量出现问题的危机。这类事件关乎消费者的切身利益和保障，会使消费者产生强烈的负面情绪，增加感知风险，进而降低消费者对品牌或产品的评价和购买意愿，如丰田汽车召回事件、耐克运动鞋质量丑闻等。另一类简称道德型危机，与品牌道德和价值观相关，是指企业做出违背伦理道德标准和社会价值观等行为的危机。这类危机一般不会妨碍消费者获得产品功能性利益，但可能危害到他人和社会的利益，如苹果童工门、大众汽车环保丑闻。

危机发生之后，企业应如何应对

首先，危机发生后，第一步应该界定危机类型，根据危机的类型及时判断该信息所造成后果的严重程度，从而制定快速有效的应对策略和措施。例如，当发生道德型危机时，企业可以营造让消费者知晓道德丑闻并不会直接影响品牌的产品质量或服务能力的舆论导向，进而减轻丑闻带来的负面影响；而当发生能力型危机时，则需要企业谨慎对待，通过切实有效的危机应对方法才可能减轻对消费者的伤害作用。

相关案例：大众排气门事件

2015年9月18日，美国环境保护署指控大众汽车所售部分柴油车安装了专门应对尾气排放检测的软件，可以识别汽车是否处于被检测状态，继而在车检时秘密启动，从而使汽车能够在车检时以“高环保标准”过关，而在平时行驶时，这些汽车却大量排放污染物，最大可达美国法定标准的40倍。根据美国《清洁空气法》，每辆违规排放的汽车可能会被处以最高3.75万美元的罚款，总额可高达180亿美元。

应对与处理：2015年9月23日，大众CEO 文德恩引咎辞职。为了挽回消费者们的信任，大众除了协助调查并给予车主补偿之外，还开始在美国发动广告攻势。大众选择了在美国30多家纸媒上刊登全版致歉广告，并用大号字体写上了“我们正试图让事情回归正确”的标题。经济上，大众给车主发放“善意包”，即一张价值500美元的Visa礼品卡，以及三年免费的道路救援服务。在2016年3月1日，大众新任CEO穆勒针对排气门事件主动发声，他表示大众汽车会从过去的错误中学习，大众汽车目前正在开展全方位且反映理性的调查报告，预计会在4月下旬拿出实质性的报告给社会。

那么，消费者的“玻璃心”都是怎么思考的呢

人都有让自己感觉良好的心理需求，因此道德推理并非是一个毫无偏见的寻找真理的过程，而是一个主观地“找理由”的过程。它帮助人们决定自身的道德准则，并确立自身不会跨越的道德底线。人们通过道德推理的模式来衡量行为的道德程度和其作用于当前情形的权重，从而做出结论。

那么，大脑这个神秘的黑箱会如何进行“道德推理过程”呢？一般有两个模式，分别是：道德合理化（Moral Rationalization）和道德脱钩化（Moral Decoupling），危机类型和道德推理过程模式可以产生微妙的互动效用，所以，研究消费者的推理模式如何在处理危机信息时发挥作用是很必要的。

道德合理化

从逻辑和心理的角度出发，合理化是一种潜意识的心理防御机制，个体将所获取的具有争议性的行为和感觉通过逻辑的方式进行辩护和解释，俗话说就是“找理由”，从而使“不合常理的行为”易于被接受，比如辩白，归咎他人，贬低信息来源等其他方式，从而减轻不道德行为和自身道德评判标准的差距，最终维持对不道德行为个体的支持。这种思维模式对于消费者而言是一个挑战，既做道德法官，又做道德辩护律师，找尽一切理由地辩护会带来批判自己道德观的罪恶感。

“道德合理化”与很多其他理论的观点相得益彰，其中态度改变理论中“认知一致性”的观点认为，当人们接收到与原有态度不一致的信息时，便会产生心理上的不适感，而人们可以通过多种方法来缓解这种不适感，比如积极

寻求支持信息或避免不一致的信息，甚至可以通过贬低信息来源等方式来拒绝态度的改变，从而坚持自己原来的态度。

道德脱钩化

相比道德合理化，道德脱钩化是一个相对年轻的概念。营销研究中的“道德脱钩化”是指人们选择性地把对个人业绩的评判和对道德品行的评判分离的一种心理过程，就是俗称的“一码归一码”，强调违背道德伦理的行为和个人成绩不相关，以此来维护对常规业务的评价。这种心理过程并不是把不道德的事情解释得相对道德，而是把不道德的行为与企业的业务分离，由此减轻对消费者的负罪感，更易于让人们接受。

研究发现，品牌危机对消费者的品牌信任和消费意愿造成的伤害作用，其大小会受到消费者的推理模式和品牌危机类型的影响。当品牌道德危机与企业经营业务相关时，消费者运用道德合理化模式比运用道德脱钩化模式对品牌信任和对产品的购买意愿更高；当品牌道德危机与企业经营业务不相关时，消费者运用道德脱钩化模式比运用道德合理化模式对品牌信任和对产品的购买意愿更高。

如何理解并应用

当道德危机与企业业务具有强关联度的时候，企业可以通过降低事件严重性，贬低信息来源或归因于外界因素等合理化角度，让消费者潜意识中认为这样的丑闻并非大事，不会对自己的道德标杆造成严重影响；而当道德丑闻与企业业务不具有关联性时，可以通过引导消费者分离看待道德危机和企业的业务能力，使消费者认为道德危机对企业的产品或服务没有任何影响。

了解目标和潜在客户群的思维模式，可以帮助企业在发生道德危机时，通过危机与自身经营业务的关联性及时判断该信息所造成的后果严重程度，并协同危机公关小组制定快速有效的应对措施，保护品牌不受“重创”。

2016年的“饿了么”事件是一个不错的危机公关成功案例。央视315晚会曝光了外卖平台“饿了么”上位于北京通州区的多家餐厅存在诸多不规范之处，包括引导商家虚构地址、上传虚假实体照片，甚至默认无照经营的黑作坊入驻等。“饿了么”第一时间在官方微信做出回应，表示高度重视央视报道的问题，并已经紧急成立专项组，下线所有涉事违规餐厅，同时核查全国范围的餐厅资质。在这次危机事件中，企业的回应速度、回应态度，以及后续改进措施为互联网公司做出了典范。

演艺界也有一个危机公关的成功案例。演员王学兵因吸毒被抓，但当时他主演的电影《一个勺子》马上面临上映宣传，各方面临无奈境地。好在片方机智，随即发布了一款“人生无奈，学好归来”的海报，赢得八方点赞。定档海报中，陈建斌、蒋勤勤、金世佳都身穿黑西装，三人排成一队光脚走过西北荒凉的无人公路。细心者会发现，地上多出了一道影子，这道影子所对应的正是陈建斌和蒋勤勤之间的空位，显而易见，这个位置应该是属于王学兵的。“学好归来”，表达了出品方最良好的心愿，更体现了对王学兵的期望，一款海报既起到了宣传影片的作用，还趁机危机公关了一把。该海报一经发出后，在朋友圈、微博都引起强烈反响。

上海：打造全球品牌的新高地

□ 余明阳/上海交通大学安泰经济与管理学院市场营销系教授

品牌是上海成为国际大都市的重要标志

上海的定位和发展经历过许多讨论和争议，也产生过诸多说法。比如，建立全球第六大都市圈，即与纽约都市圈、东京都市圈、伦敦-曼彻斯特都市圈、巴黎-阿姆斯特丹都市圈，以及多伦多-芝加哥都市圈等五大都市圈齐名的全球第六大都市圈，将上海与江浙十几个大城市联动，作为第六大都市圈的重要支撑。

到了21世纪初，上海更是提出“四大中心”的说法，即经济中心、金融中心、航运中心和贸易中心。2010年以后，又有很多人开始把科创中心、时尚中心也作为上海的核心定位。

---

* 原文发表于2014年2月24日《解放日报》。

不管使用哪一种提法，上海要打造国际大都市，或者说世界性城市，都是国人乃至全球的共识。当今的主流学者都认为，未来的世界级城市格局，将很有可能是“5+X”，五大城市分别是：纽约、巴黎、伦敦、东京和上海，“+X”则可能是新加坡、香港、悉尼、法兰克福，以及洛杉矶等城市。

上海的国际地位，以及在中国的经济龙头地位，都是毋庸置疑的。然而，作为国际大都市的重要标志之一，其软实力支撑一直是人们所关注的问题，这便是科技、人才、创新力、高校、品牌、文化和社会软环境等因素。

也就是说，作为一个国际大都市，如果缺乏这些软性因素的支撑，其影响力和实力都将大打折扣，其对区域经济的推动力和对全球经济的影响力，也将大为逊色。从这个意义上讲，品牌及品牌生态，对于上海的定位和发展至关重要。

中国已成为全球第二大经济体，在世界500强中，中国企业的数量也已排名全球第二，中国在港口、高铁、桥梁建造、尖端科技、军事工业、新能源、新材料、生物科技和海洋科技等方面的实力进步迅速，为世人所瞩目。但在品牌影响力上，按照Interbrand最新发布的全球品牌Top 100和Top 500来看，中国依然是一个品牌的小国和品牌的弱国。我们依然处于全球产业链分工中的中游水平，大量的制造型企业和服务型企业赚的依然是“保姆费”而非附加值，我们的品牌溢价能力依然较弱。作为中国经济的中心和领头羊，上海必须义不容辞地担当起为中国品牌升级，在全球品牌生态中张扬中国力量的重任。可以这么说，品牌体系的成败，将直接影响上海作为国际大都市的含金量，也将影响上海乃至全中国经济发展的水准，影响我们在全球产业链分工中的地位，这些都不得不引起人们的高度关注。

上海品牌发展的三个阶段

上海的品牌发展，经历了三个高峰期，也可以称为三个阶段。

第一个阶段始于20世纪二三十年代。当时，上海是国际品牌进入中国的桥头堡，作为东方的“冒险家乐园”，引来无数国际品牌的纷纷抢滩，无论是长江口独特的地理位置，还是上海人海派文化的包容和洋气，都使得众多国际著名品牌愿意通过上海登陆中国，然后再辐射到全国各地。

上海人很早就知晓了许多洋玩意儿和洋品牌，不少名词甚至直接从英语和其他语言中翻译过来，司的克（译自Stick，意为拐杖）、老客勒（“克勒”一词译自Clerk，一说译自Class，现专指上海有一定年纪、有品位、有格调、有教养的优雅绅士群体）和司拨灵（译自Spring，本意为弹簧，此处指上海旧时常见的弹簧门锁）等词汇都源自外语，后来渐渐在全国流行开来。

中国的第一套西装、第一块手表，都是国人在引进国外产品的基础上，通过学习模仿后生产出来的。当时国人心目中的上海，就是西化、洋气的代名词，引领着刚刚从封建社会走出来的国人的消费时尚。

同时，纷纷涌入上海的西方人群，也开始对具有中国特色的传统产品加以关注，于是如旗袍等带有中国传统元素的产品，在经过革新和升级后，也成为了带有中国元素的时尚产品。在这一阶段，上海出现了大量国际名牌，以及学习西方先进理念的本土品牌，对于闭关锁国时日已久的中国来说，上海无疑打造出了一块品牌高地。

第二个阶段是在1949年新中国成立以后。在上海，人才汇聚、理念先进、视野开阔、产业功能素质较高，且制造基础相对雄厚，其凭借这些优势成为了中国的工商业中心，并扮演着“共和国长子”的角色。这一时期，上海牌手表、蜜蜂牌缝纫机、蝴蝶牌缝纫机、永久牌自行车、凤凰牌自行车、华生牌电扇、飞跃牌电视机、金星牌电视机，以及凯歌牌电视机等一大批代表当时消费潮流的产品纷纷应运而生。这些产品样式新、质量高、设计感强，成为中国当时“一物难求”的稀罕物品。即使是如大白兔奶糖和牛轧糖这样的产品，也都是人们结婚时必须选用来“撑场面”的东西。牛头牌皮鞋、海螺牌衬衫、培罗蒙西装和人力牌夹克，也都是当时中国有身份人士的必备行头。中国其他城市的居民，凡是有朋友来上海出差，都会央其捎带上述这些产品，乃至床上用品回去。当时的火车行李架被挤得满满当当，出现了现代年轻人难以理解的“抢行李架”现象。当时的上海，是中国品牌不折不扣的绝对制高点，引领着中国制造业的品牌发展。

第三个阶段是改革开放以后。随着全国经济的放活和中国的全面开放，全国各地的市场活力被充分激发出来，以广东为代表的小家电率先崛起，开始挑战上海的品牌领导地位。在服装、食品、家用电器和日化等各个领域，全国各地都出现了一大批优秀的企业和著名的品牌。宁波的服装企业雅戈尔，早年靠为上海的开开牌服装做OEM起家，后来却超过了上海的所有服装企业，并对上海的纺织服装产业产生了巨大的冲击。海尔的冰箱、格力的空调、长虹的电视、青岛的啤酒……林林总总，都成为了中国的行业龙头，也概无例外地将上海本地出产的产品和品牌打下了神坛。由于劳动力成本和土地成本居高不下，上海的机制相对僵化，制造业领域的优势不复存在，大量的专业技术人员成了“星期天工程师”，纷纷到周边的江浙两省拓展第二职业，因此，人们对上海的品牌地位开始产生怀疑，甚至认为上海的品牌中心地位早已不复存在。

青岛的五朵金花：海尔、海信、澳柯玛、青岛啤酒、双星鞋；第一波互联网行业中的翘楚：新浪、搜狐、网易；第二波互联网行业中的翘楚：阿里巴巴、腾讯、百度，均与上海无缘。创新类企业更是云集深圳：招商银行、平安保险、华为、中信、万科、比亚迪……群星璀璨。那么上海是否已经失落了中国品牌领导者的地位了呢？

笔者认为：一方面，我们应该承认，上海品牌之前的高峰业已过去。但另一方面，我们也应该看到，作为国际大都市，上海的品牌生态已经发生了变化，涌现出新的品牌生态和品牌现象——陆家嘴、新天地、田子坊、八号桥、张江高科、东方明珠和上海中心都是品牌，都是代表和引领中国乃至全球发展的领导性品牌。上海国际电影节、上海网球大师赛、F1上海站等等也都是品牌，都是全球公认的标志性品牌活动。作为国际大都市，上海的品牌生态未必要以制造业品牌为核心，活动品牌、文化品牌、特色区域品牌、大学品牌和服务业品牌，都有可能与制造业品牌共同构成更完整、更系统和更有魅力的品牌生态体系。今天的上海，已经出现了第三次品牌高峰的雏形，已经具备了全球品牌高地的基础。

上海品牌发展的建议与思考

与建设国际大都市相适应，上海的品牌影响力还将进一步提升，为此，以下几方面的工作是上海必须加以关注和予以重视的。

第一，上海要以总部中心为抓手，吸引国内著名制造型企业的总部前来落户，将运营、人才和资本等要素在上海得以配置。上海具有全中国最丰沛的资本资源，最丰富的人力资源，最出色的研发条件，有中国一流的高校和研究院，以及得天独厚的国际化背景，这些条件使得上海成为中国其他任何地方都难以比拟的总部中心的首选地。而把劳动密集型、处于产业链相对低端的部分放置在上海以外，既可以降低成本，也可以避免污染，还能增加上海每一栋楼宇的产出能力和含金量。

为此，上海已经做出了一系列发展总部中心的决策，推出了一系列推进总部中心的举措，也取得了一定的成效，如平安、华为和中信等企业，都已经在上海设立了第二中心或是研发基地。但是，从推进力度和具体效果来说，尚不尽人意。上海应当在这一方面有更多的作为，产生更好的效果。

第二，努力吸引全球顶尖品牌，将亚太中心设在上海。上海的文化、人才和生活环境，在吸引国际大品牌入驻方面，优势明显。世界500强中，也已经有将近一半的企业在上海设立亚太中心或是区域总部。在这方面，上海已经超过了香港，其广大的腹地和市场辐射能力，是香港和新加坡都难以比拟的；而其庞大的市场，也是东京所难以企及的。在这一点上，上海已经取得了很好的业绩。我们将进一步解放思想，拓展视野，使得国际品牌亚太中心建设的步伐能够更加快捷和稳健。

第三，放活上海的著名老字号品牌，通过产品创新、体制创新和机制创新，让它们尽快恢复生命力，重展雄风。上海是中国老字号品牌集中度最高的城市之一，但与兄弟省市相比，上海的老字号发展差强人意，像北京的全聚德和同仁堂，都已经是行业之中的翘楚，而反观上海的老字号，发展却很不理想。公私合营之后，这些老字号品牌大量地归属于国资系统，但国有体制相对稳健，乃至保守，使得这些老字号难以发展，而以90后和00后为代表的新生代，对老字号的印象却越来越淡，若长此以往，这些老字号便将毫无价值，难逃寿终正寝的命运。

与其搁置它们，让它们自生自灭，不如嫁接民营企业和民营机制，让它们焕发青春。如杭州的张小泉，由国有所属卖给了民营的浙江富春集团，在集团的经营下扭亏为盈，致力打造中国高端工具的第一品牌。而上海的老字号品牌，依然体制僵化、运营保守、生存困难。但老字号是上海的宝贵财富，理当在上海品牌生态中占据一席之地，在这一方面，需要提升的空间依然很大。

第四，对于新生代品牌，需要通过现代运营手段，完成产品的迭代和市场的升级。

锦江酒店集团是当今亚洲第一大酒店集团，拥有的经典酒店和五星级酒店数量在国内无人能及。集团把和平饭店等经典资源与国际奢侈品品牌对接，收到了很好的效果。其实像和平饭店、国际饭店等曾经是上海绝对的地理中心的地标性建筑，对于许多外国高端游客都拥有很大的吸引力。但今天的国际饭店，硬件设施老化，空间狭小，如果没有奢侈品品牌的介入，与现代化的崭新大酒店相比，就很难有优势可言了。像这些资源，必须通过产品创新和体制创新，才能让它们焕发出更新的魅力，产生更好的效果。

第五，要为上海品牌生态的发展营造良好的氛围。上海地域有限、人口众多，生活成本高，对于青年人而言，上海是“魔都”——既充满魅力，又富有挑战。而上海的人口又多年处于负增长，出生率只有0.7%，未来生活成本很难降低，房价过高，交通拥堵，城市运营压力巨大，一时难以解决。从业态来说，简单低端的制造业退出上海，腾笼换鸟，增加坪效，是上海的必然选项。未来的上海，需要在软环境、人才创新机制、创新创业政策、尖端高科技装备制造产业和现代服务业等领域当中加大支持力度，为品牌的生存和发展营造更好的软环境。

总而言之，品牌是上海成为国际大都市的重要标志。上海在经历了三大品牌高峰以后，需要打造更加新颖、更具开放性和竞争力的品牌生态，我们需要各方谋划，综合治理，将上海的品牌高地打造得更加扎实，为中国的经济发展和文化复兴，也为全球的人类进步做出更大的贡献。

“无处不在”的消费者

——品牌全渠道营销布局新趋势

□ 罗继锋/上海交通大学安泰经济与管理学院管理信息系统系副教授

你是否有过这样的体验？当你想在换季后购置一些新衣服，可能会先翻阅杂志或者手机端了解一下当季的时尚趋势，然后发现某个品牌有你喜欢的当季流行服饰，于是打开该品牌官网进行商品搜寻，确认这件衣服的尺寸、颜色，谨慎一点的消费者可能还会去实体店试试。当你确认这件衣服真的适合你的时候，却发现店里没有喜欢的颜色或合适的尺码。最后你不得不拿出手机，立刻登陆该品牌的移动端应用下单，说不定你还会发现手机端下单有额外的促销价格。在这一番曲折的购物旅程后，一件你心仪的漂亮衣服终于抵达了你的住所。没错，这就是360°无死角的“全渠道零售”（Omni Channel Retailing）模式。

若干年前，美国的一些百货商店和服装零售品牌开始布局全渠道零售系统的整合，主要策略包括IT基础设施、企业资源计划系统（ERP）和客户管理数据分析系统（CRM）、供应链系统等全方位的升级换代。越来越多的消费者意识到有很多渠道可以和零售商进行沟通，而追溯一次完整的购物行为，消费者可能通过不同渠道接触、体验和完成支付购买商品。在全渠道零售时代，面对日益激烈的品牌竞争和精明的消费者，零售商是否能有机整合所有的渠道资源，成为了驱动销售的重要因素。他们必须保证消费者无论从哪个渠道接触零售商，都能享受良好的服务。零售商如何制定线上和线下的定价策略，例如是否允许消费者在线上购物后线下退货等一系列指标，都可以进一步衡量品牌全渠道营销的能力。

如果我们把目光聚焦回中国市场，互联网技术的应用飞速发展，线上线下的融合程度更为彻底，品牌主的全渠道营销布局可能需要考虑更多的维度。在三月《经济学人》（The Economist）刊发的《无所不至的旅程：追踪中国消费者的全渠道购物》一文中指出："中国的智能手机用户数量已超过五亿，品牌主可以通过社交媒体和各类应用等渠道与消费者建立更为亲密的联系，而'低头族'们在移动端及各类社交应用的购物经验也日趋成熟。"

品牌主在做营销战略规划的时候，要注重针对产品将各类渠道有机结合（mix of media），不能单一地强调某个渠道，渠道和渠道之间的搭配使用更为关键。不能独立地依据每个渠道的转换率来决定预算分配，而应该看到不同渠道之间的互补和替代作用。例如，在用户旅程的不同接触点，每个渠道的作用会不一样，来自于搜索引擎的访问者如果接触过相应的广告，其转换率可能会更高，而不是简单的1+1=2。不同人群对于渠道的态度也会不一样。因此，不能脱离数据简单地把现有的经验或模型套用到其他地方。

对于品牌主而言，一种简单的思维模式就是"顾客去哪里，广告就应该去哪里"。当人们的购物和阅读习惯从过去的纸质版、电视版慢慢地迁移到手机端，那么未来手机端的广告投入势必激增。譬如，现代的IT技术已经可以让品牌主达到实时（real-time）和按照地理位置追踪（location based targeting）用户的可能性。但人的注意力是一个稀缺资源。如果蜂拥而至抢占稀缺资源，消费者一旦被过量的无序信息干扰产生了厌烦情绪，品牌在移动端投放广告的回报率无疑就会下降。在2015年中国广告收入统计报告中，纸质媒体和电视媒体的广告收入都呈现下降趋势，唯独两个渠道：数字媒体和住宅/商务楼宇广告媒体的收入仍有上升趋势。如果品牌主可以将手机端的广告和楼宇广告有机结合，就能实现良好收益。如果品牌主在某段时间在某百货大楼投放了一个促销广告，而用户数管理中心又定位到部分会员客户在该楼宇里，就可以实时推送该百货大楼或附近的促销活动广告到顾客手机端。消费者很有可能受到了“双重劫持”，在电梯里看到躲不掉的楼宇广告的同时，手机端也收到了SMS或者社交应用上推送的广告。

展望未来，通过第三方支付平台，商户可以把消费者的个人信息挖掘提炼出来，和商户以往通过其他平台（如社交应用或微信注册）掌握的信息链接相匹配，这样就解决了“信息孤岛”的问题。在完备地掌握了用户的年龄、性别、住址、社交、个人兴趣、购买习惯等信息后，完善大数据分析后台，更加精准地给用户推送其可能感兴趣的商品，驱动销售增长。

除了渠道整合以外，中国的品牌主还需要借助一些外力，特别是新兴的技术（如社会化媒体、虚拟世界）。2015年十分显著的热点现象就是将社群和电商平台结合。小红书就是一个典型案例，它从单纯提供旅游或海外购物攻略起家，曾经吸引了一批用户。但是用户在旅游的间歇期不会频繁浏览使用，所以单纯的攻略下载平台无法产生有“黏性”的高频浏览用户。所以小红书通过建立社群，吸引用户充分讨论海外购物或旅游的体验，在话题讨论的过程中产生互动和分享，由此来提升平台的“黏性”。成功吸引一批高频访问的人群后，这个平台就有了商机，并催生了电商平台“福利社”。小红书通过社群在一年多时间里累积下的用户数据，包括大家分享了什么、点赞了什么、买什么产品的人最多等信息，分析挖掘可能受用户欢迎的产品，然后完成采购物流报关等一系列步骤。

虽然小红书已经发现了自己的盈利模式，但未来可能会遇到两个主要问题：首先是如何保证平台上的所有商品都是正品，此前媒体上已经有过相关的负面信息曝光。另外就是基于社群话题统计的大数据来预测的“爆款”是否精准。美国《科学》杂志曾经刊发过一篇研究报道说：“当我们处于社会影响的情境下，对商品可能感兴趣的人群纷纷加入讨论，恰恰对该商品的潜在销量缺失很难预测。”所有的大数据分析都是基于“过去”——即过去社群里话题的数量、讨论人次等，但要想保证它是“爆款”，可能还需要根据社会当下的热点事件制造一些“情境”。例如大陆观光客曾去日本疯狂抢购马桶盖，也许小红书可以利用类似话题，挖掘出相关产品。如果社群上的一小部分人觉得“价廉物美”或者“性价比很高”，那这一小部分人的行为可能会突然间导致很多人的行为改变，产生一种“引爆点”现象。

小红书的主体用户群是85后和90后，不同于60、70后人群，中国的新生代消费者到了一个旅游目的地，往往不会满足于拍几张照片“到此一游”，他们更注重沉浸在当地的生活方式中，并探索当地的文化元素。针对这样的特点，小红书完全可以针对即将到来的日本赏樱季，策划一个赏樱季的主题攻略，内容可以涵盖赏樱季日本人会怎么做，用到一些什么商品，再把赏樱的周边产品植入相关的文化主题攻略中，这些产品就可能会成为“爆款”。

除了擅用大数据分析、社群营销和情境制造以外，完善的物流服务也是电商在激烈商战中制胜的一大重要保证。相比欧美的消费者，中国消费者的另一显著特点就是“缺乏耐心”。民意调查显示，在欧美，大部分消费者下单后能接受货物在一周左右抵达收货地址，在中国这是不可思议的。中国消费者普遍认为，网络购物的一大优点就是便捷，他们的一大预期就是购买的商品能迅速到家，而且在物流过程中没有任何破损，所以消费者对于物流的要求是很高的。2013年，1号店的创始人于刚在接受美国CNN专访时曾说，据1号店客服中心统计，所有的顾客投诉中，约60%来自于物流问题。所以1号店不得不从过去依赖第三方物流系统的策略转化为自建物流体系，以保证消费者上午下单，下午货物就能送达。据调查显示，在自建物流系统后的一段时间，顾客的满意度一下子提高了10%。

据调查显示，消费者大致通过三种方式来判断商户的物流水平，首先是商户的地理位置。消费者相信如果购买地离核心市场比较近，货物抵达的时间相对较短，物流成本也相对较低。研究发现，大部分消费者倾向于选择一线城市的发货地，并且在此基础上更愿意选择本地卖家。其次是商家会宣称自己的物流服务可以做到“当天下单，当天处理发货”等。最后就是其他消费者对于物流质量的评价。我们的研究发现，由于物流是一种体验性的服务，所以普遍而言消费者更依赖于“口碑”，即消费者对于物流的评价，而不在乎商家自己宣称所提供的服务。

过去，人们认为互联网上地理位置无关紧要，但事实并非如此。我们的研究发现，电商中存在“本土偏好”（Home bias）。对于电商，尤其是对于众多中小型电商而言，消费者可能偏好从本地或临近区域购买。存在本土偏好的潜在原因有：更短的配送时间、心理归属、区域文化差异等。品牌主应该考虑打造一个全渠道的生态，利用或者减轻本土偏好的影响。

中国建造如何在“一带一路”唱响品牌

□ 曾赛星/上海交通大学安泰经济与管理学院创新与战略系教授

亚投行给“中国建造”全面走向世界提供重大契机

《亚洲基础设施投资银行协定》的签署，标志着亚投行筹建工作进入一个全新的阶段，即将开始全面运营。有关成员国将共同努力，“逢山开路、遇水架桥”，确保亚洲基础设施投资银行成为国际金融机构中务实、高效的一员。同时，这也意味着我国的重大基础设施工程产业将迎来全面走向世界的重大契机。

作为“一带一路”宏大战略实施的重要支撑，亚投行为“一带一路”沿线国家基础设施建设、资源开发、产业合作等有关建设项目提供投融资支持，

⋆ 原文发表于2015年7月3日《文汇报》。

是体现我国作为一个负责任大国所提倡的开放包容、透明公正理念的平台。然而，真正实现亚洲地区基础设施建设的互联互通，除了为解决资金瓶颈问题的投融资金融服务外，更亟需我国重大基础设施工程相关产业的高度协同和深度整合。

改革开放以来，虽然我国在重大基础设施的组织实施、工程战略资源整合等方面积累了丰富的经验，在工程关键技术、装备制造等方面取得了丰硕的成果，但是，较之于一般工程，重大基础设施工程产业协同整合的需求更加紧迫。由于重大基础设施工程实施主体已经突破了传统的由承包商（分包商）、设计方、业主、监理等组成的网络，延伸至重大设备制造商、新型材料供应商等；建设方式也突破了传统的现场施工而融入工业化的生产方式，因而，重大基础设施工程需要融合建筑、建材、装备制造、节能环保及金融等诸多产业。从产业链看，我国重大基础设施工程缺乏上下游产业及相关产业的有效整合模式；从技术链看，实施方（承包商）与研发机构（高校及科研院所）的技术创新协同体系尚不健全；从价值链看，处于价值链低端的业务较多，面向价值链高端业务的竞争能力（如创意与设计、盈利模式等）明显不足。

“一带一路”沿线的国家普遍具有刚性的财政约束，基建投资支出不足，基础设施落后，相关指标如人均公路里程、人均铁路里程等，均远低于我国；同时，我国涉及“一带一路”基础设施对接的西北部各省区铁路、公路及高速公路密度也远远落后于全国平均水平，基础设施特别是重大基础设施建设的需求均极其旺盛，投资空间巨大。机会千载难逢，怎能失之交臂!“中国建造”迫切需要朝乾夕惕，倍道而行，接棒“中国制造”，塑造响亮世界的“中国工程”品牌。

关键要实现产业链联动、技术链协同和价值链跃迁

品牌源自核心竞争力，重大基础设施工程产业的竞争力则依赖于产业的产能升级、技术创新、资源整合、利益协调、项目管理、组织协同及声誉提升等，目前最重要的是实现产业链联动、技术链协同和价值链跃迁。

重大基础设施工程产业链联动要通过产业结构的战略调整，形成合理的产业分工体系。重大基础设施工程产业链包含金融、设计（咨询）、建筑、装备制造、基建材料等核心产业以及信息技术、保险、劳务等支撑产业，需要政府管理部门做好顶层设计，营造制度环境，引领企业充分利用网络信息技术，开放接口，共享数据，打造贯穿从基础设施项目的规划、设计、融资、设备采购、工程施工、运营与管理等全生命期的整体方案解决能力，实现标准化设计、工厂化生产、装配化施工、一体化装修、信息化管理、智能化应用，取得高品质、低成本、快速运转的全产业链优势。

重大基础设施工程技术链协同要重点关注全生命期不同阶段中不同组织之间的协同。重大基础设施工程规模巨大、开放性强、技术复杂性非常突出，是一个以多组织的协同为基础的创新活动。适当的政策、法规以及良好的市场机制是推动工程企业跨越任务碎片性、临时性，寻求彼此之间有效合作的动力。同时，还需要搭建产学研合作平台，实现利益共享。例如上海隧道股份就充分利用产学研合作，攻坚克难，拥有了领先的盾构设计与施工技术，成功完成世界盾构法施工直径最大的上海长江隧道工程，同时成为全球唯一集建筑施工和施工装备设计制造于一体的综合性施工企业。

价值链的跃迁是指我国重大基础设施工程产业在实现产业链联动和技术链协同的基础上，向利润空间更为广阔的价值链高端跳跃。目前，“中国建造”常常深陷于全球市场的“价值洼地”，我国国际工程承包商主要从事劳务输出、分包建造等低附加值的业务，面临总产值较低、利润率较低的尴尬境地。因此，我国重大基础设施工程需要通过持续创新、渠道和品牌建设，提高综合服务的能力，利用兼并、联盟、分包特许等多种形式，打破欧美等发达国家承包商的垄断，进入价值链的核心环节，实现从简单的施工承包、劳务承包向总承包、BOT和EPC等承包方式的改变，完成从施工公司至设计-建造或设计-咨询公司，乃至项目管理公司的跃迁。

亚投行鸣锣开道，“中国建造”借风助力，扬帆出海。新机遇需要新思路，新常态呼唤新战略，我国重大基础设施工程产业发展任重而道远，然而它带来的将是一个全新的、互信的世界。

第七篇

创新改革的突破思维

建立科创中心，上海应如何激发活力

□ 罗守贵/上海交通大学安泰经济与管理学院应用经济系教授

每年，我们都会与上海市软科学基地——知识竞争力与区域发展研究中心、国际竞争力中心亚太分中心共同发布《亚太知识竞争力指数》，用19项指标对亚太33个领先地区进行评估，以综合反映各地区将知识资本转化为经济价值和居民财富的能力。2015年的报告指数显示，以色列排名第一；新加坡、新西兰、中国台湾、日本东京紧随其后；中国上海、北京跻身前十，排名第六和第七。上海要建立全球科创中心，到底还需要在哪些方面下功夫?

上海的知识竞争力持续提升

与2014年相比，上海的知识竞争力排名保持稳定。从2015年以来，虽然

---

* 原文发表于2016年4月5日《上海观察》。

宏观经济形势严峻，但上海仍然保持了知识竞争力的稳定态势，是33个亚太地区中少有的能取得知识竞争力持续稳步提升的城市。

从知识竞争力结构看，上海在19项指标中有8项排在前八位。其中有4个知识密集制造业部门：千人汽车与机械工程就业人数第二位、千人IT就业人数第三位、千人电子机械就业人数第三位、千人生物技术就业人数第六位，以及千人经理人数第五位、政府人均R&D投入第四位、单位面积经济产出第七位、人均私人股权投资第八位。这些都是值得肯定的方面，表明上海通过科技、教育投入，不仅提高了生产要素的质量，还直接提高了生产力水平，保证了知识密集产业的发展。

上海教育公共支出水平偏低

上海在知识竞争力结构方面存在问题，一些方面的短板亟待弥补。例如，R&D投入总量与发达地区之间还有很大差距。政府和企业R&D投入合计在33个地区中只排在第十九位，不仅大幅落后于第一名的日本滋贺县（仅相当于其33%），也落后于北京和台湾，仅相当于北京的63%。又如，上海的高技术服务业密度排在第十三位，比2014年大幅度降低五位，与上海充足的智力资源、庞大的科技服务市场（长三角乃至全国）极不相称。上海每千名从业人员中，高技术服务业从业人员数，仅相当于东京的30%、北京的35%，与这两个城市的差距在进一步拉大。上海的人均初等和中等教育公共支出排在第二十一位，仅相当于北京的80%。如果将初等、中等、高等教育人均公共支出全部加总，上海甚至排在第二十二位。这与上海66所高校、近200万在校大学生的绝对数量优势很不相称（排在上海之前的许多地区只有几所高校，大学生只有几万人）。因此，教育公共支出水平偏低是当前上海与亚太先进地区的明显差距。

知识经济的最终成果体现在经济产出上，上海的劳动生产率和人均收入分别排在第二十位及二十一位，从位次上来看，上海多年来几乎没有变化。上海的劳动生产率与其姊妹城市大阪差距很大，只相当于大阪的60%。而人均月收入与亚太其他地区的大都市相比，也存在较大劣势。

上海应在郊区建立强大的知识密集产业群

为了加快建设具有全球影响力的科技创新中心，笔者提出如下建议：

第一，大力加强知识基础设施建设。上海要建成科技创新中心，首先应建立与之相适应的强大的知识基础设施，包括支撑知识生产、扩散、分享、应用的完善系统。具体包括：面向全国、服务全球的研发设施，高水平的文化教育机构，先进的信息传播与应用软硬件设施。其次建设知识资源互联网传播扩散与增值服务平台，为全市乃至更广大的地区提供资源共享、数字化学习、知识创新的信息化条件。再次建设知识资源的深度开发利用平台，为全市提供知识管理与知识服务的信息化手段。最后为知识资源生产出版部门创造互联网出版发行的市场环境与商业机制，大力促进文化出版事业、知识产权事业的发展。

第二，建立国际大都市中最强大的知识密集产业群，实现“头脑”与“躯干”的互动。上海人口大约为纽约和伦敦人口的3倍、巴黎和东京的2倍；上海面积大约分别相当于纽约的8倍、伦敦的4倍、东京的3倍、巴黎的2倍多。面积和人口决定了上海相对于这些国际大都市，有产业发展空间优势和市场优势。加上上海又是中国传统的制造业中心城市，在进行产业升级的基础上，应当建立起世界上最强大的知识密集产业群。这一特征将是上海在未来十至二十年内，超越其他国际一流大都市最重要的资源禀赋和结构性优势。

但目前，这一优势远未发挥出来，2015年度上海在亚太33个地区中的单位面积产出强度仅排第七位，仅相当于第一名首尔的15%，相当于前六名：首尔、香港、东京、新加坡、大阪和神奈川平均值的26%。从上海郊区与苏浙近沪县市的对比看，上海5个郊区的劳动生产率只相当于全部15个区县市（其中上海、江苏、浙江各5个）平均值的82%，相当于江苏5个县级市的52%，只比浙江5个县市均值略高。从单位面积经济产出强度看，上海5个区的均值刚好与全部15个区县市相当，但仅相当于江苏5个县级市的57%。上述比较表明，上海经济发展的知识密集特征还不是很明显。上海与其他国际大都市的比较优势（更大的面积和郊区）远未发挥出来，与国内其他地区的相对优势（国际大都市郊区与一般地区相比）也远没有发挥出来，而这两者是密切相关的，即上海郊区没有在整个经济发展中发挥出更大的作用。

基于此，建议将上海中心城区与郊区作为一个整体统筹考虑，并在两者之间的良性互动上做文章。在郊区建成知识密集制造业产业集群，包括集成电路、通信设备、生物医药、高端装备等，以形成其他发达国际大都市所不具备的“躯干产业”。在中心城区建成知识密集的高技术服务业，即“头脑产业”，包括研究开发产业、软件开发、信息技术服务等专业服务业等。极为重要的是，让“头脑”与“躯干”互动起来，即以中心城区强大的知识密集服务业支撑郊区的知识密集制造业，并将中心城区部分与知识密集制造业直接相关的知识密集服务业不断扩大到郊区，大幅度提高郊区产业的增加值率和单位面积产出率。

第三，吸引和培育具有全球影响力的高能企业。上海要提高知识竞争力，参与全球资源的配置，需要一批具有超强向外扩张性的高能企业。这就需要上海以包容的胸怀、卓越的远见吸引和培育具有全球影响力的高能企业。首先，应对企业的目标市场，在产业链、技术链与价值链中的位置，运用生产要素的能力等方面进行科学甄别，选择具有发展潜力和未来影响力的企业，长期关注并重点培育。其次，改进对创新型企业粗放型、普适性的政策，转而以更加精准的方式支持高能企业。由于以往对创新型企业采取的税收减免、项目或直接的资金支持方式，并不完全适合高能企业，因此在实际培育和支持高能企业过程中，不能采取普适性政策，而应对目标企业逐一诊断，寻找不同企业的短板，按照缺啥补啥的原则进行支持。第三，营造高能企业成长的软环境。上海创新方面的硬件环境比较优越，最重要的是营造相应的软环境，包括全社会尊重创新、敢于创新的文化，让各种人才脱颖而出的制度。

第四，激发高校和科研院所的活力，建立有效的产学研合作机制，打通知识生产向价值转化的梗阻。上海有66所高校、168所民营和转制科研院所，它们是知识生产的重要主体。但目前知识生产、扩散和应用之间的环节尚不畅通，产学研合作的广度和深度还远远不够，合作模式比较单一，机制不够灵活。建议激发各类高校及科研院所等创新主体的积极性：一是对科技重大专项不再要求一律由企业牵头；二是进一步放宽市场化合作中收益分配的限制性政策，对知识产权入股及参与分配的比例不再进行限制；三是拓宽知识资本化的渠道，探索成立知识资本交易机构。

创新这条“鱼”，需要怎样的“水”

□ 陈　宪/上海交通大学安泰经济与管理学院应用经济系教授

上海要成为有全球影响力的科技创新中心，需要具备很多的条件，但如果给这些条件一个整体观照，那就是生态系统建设。

生态系统原本是一个描述自然界的概念。由于其连接了主体和环境，并特别强调二者间及主体间的关系与协同，所以现在被运用到经济、政治、文化和社会等方面。从自然生态的角度看，人类劳动是最基本的主体活动。从（市场）经济生态的视角来看，民间创业则是原生态意义上的主体活动。科创中心的内涵或源头活水，就是创业创新；更准确地讲，就是内在创新的创业、基于新技术研发的创业。所以，建设与之匹配的生态系统，决定了科创中心建设的效果，乃至最终是否成功。

---

* 原文发表于2015年9月21日《解放日报》。

从"进入"看主体建设

关于科创中心的主体建设，或者说创业创新主体建设，可以思考这样一组问题：谁来创业创新？他们的组织形式是什么？在哪里创业创新？投入来自哪里？这些问题主要发生在创业者开始"进入"的阶段。主要涉及创业者、新创公司（Start-ups）、孵化器和投资人。

如果说在技术进步缓慢或商品短缺的年代，创业者敢于冒险就可能成功，那么，在今天这个技术变革迅速且商品全面过剩的时代，能够并敢于进行创业试错的人，一般都要接受过良好的教育。因此，现代大学除了具有与研究机构相同的从事基础研究和应用研究的功能，无疑，它们还有一项责无旁贷的新使命，即培养创业创新人才。这是解决创业创新的"人从哪里来"这个最为首要的问题的答案。

为什么要动员"大众创业，万众创新"？因为创业创新需要试错。创新试错为"对"的概率很低，因为"对"的"人"总是小众，所以，使更多有能力的人愿意出来试错是创业创新最为基本的前提。时至今日，越是有世界影响力的一流大学，在创业创新教育方面就越是走在前列。美国是世界上一流大学最多的国家，也是世界上实行创业创新教育最早、最成功的国家。斯坦福大学和麻省理工学院就是创业创新教育的成功者和领跑者。以色列的希伯来、特拉维夫和海法理工等几所大学，以及德国的慕尼黑工业大学都在创业创新教育方面取得了不俗的成绩，为当地的创业创新输送了源源不断的人力资本。我国的创业创新教育起步较晚，可以说还没有系统的做法，更没有成功的经验。但问题还不仅仅在于此，而更在于现行的中国高等教育体制并不适应创业创新教育的发展。所以，在创业创新驱动的倒逼下，推动新一轮高等教育体制的深化改革，才能使中国的大学承担起培养创业创新人才的重任。

创业者通过组建新创公司，开始创业创新生涯。最为典型的新创公司以研发新技术为使命。在美国的硅谷和波士顿，以及以色列的硅溪（从特拉维夫到海法的地中海沿岸地区），云集着一大批研发新技术的新创公司，它们所从事的就是内在创新，尤其是技术创新的创业。为什么说以新技术研发即技术创新为使命的新创公司就是最为典型的创业公司呢？这要从需求导向和供给创新的关系说起。在市场经济国家过去很长的时间里，需求导向是经济增长、产业发展的主要路径，其优点是比较可靠，缺点是有滞后效应。然而，在现今社会，需求表现出两个显著特征：其一，在市场经济条件下，有效需求不足成为常态，中国也不例外。其二，随着居民收入水平的不断提高，需求更多地表现为潜在需求，也就是说，在消费者的购买行为中，越来越多的需求是由他们的潜在需求转化而来的。上述两个特征都表明：一个国家、一个地区、一个企业，要想在这一竞争格局中取胜，不仅要着眼于现实需求，更要通过供给创新的不断试错，创造新的需求，并将潜在需求转化为现实需求。谁在这个试错和转化中得到先机，谁就能得到更大的市场份额，进而获得更大的竞争优势。所以，考虑到需求导向的缺点，考虑到动态的技术进步和企业家精神，供给创新就成为解决问题的关键，是我们转型发展的必然选择，也是新创公司成为创业创新生力军的主要理由。

对于从事技术创新的新创公司来说，孵化器和风险投资是必不可少的两个条件。今天的孵化器主要不是场所的概念，而是各种服务的提供是否完善、是否配套的问题。例如，对于“互联网+”的创业，就需要包括大数据、云计算在内的现代信息技术服务，所以，基于创业服务平台的创业就成为一个热点。笔者认为，创业服务产业的发展将逐步成为孵化器、加速器的主流，在很大程度上替代地方政府以前在这方面的作用。

风险投资是创业服务的另一个重要组成部分，但它本身又相对独立，介于金融业与实体经济之间。从这个意义上说，金融服务实体经济的一个重要通道，就是风险投资产业，而这又恰恰是我们现在的“软肋”。即便在金融业相对发达的上海，也存在风险投资产业发展不足的问题。这一点我们也要向以色列学习。以色列人均风险资本投资在全球最高，它的新创公司几乎都可以获得风险投资。其实，这个背后也是市场选择。因为在以色列狭小的市场上，基于供给创新的创业，一旦成功，会在全球范围内创造新的需求，或转化潜在需求为现实需求，而从事基于现有市场需求的创业大多是没有机会的。在我国，尽管基于现实需求的创业创新还有一些机会，但现实需求的饱和是很快的，最终有生命力的，还是供给创新——创造新的需求，实现潜在需求。

· 从“退出”看环境建设

这里的“退出”有两层含义：其一是与“进入”对应的“退出”；其二是与“环境”对应的“退出”。

与“进入”对应的“退出”，是指创业者或新创公司的“退出”。它们为什么要有“退出”的通道和机制？这是因为：其一，它们创业创新的价值需要体现和实现；其二，它们需要扩大规模或再创业的资金，“退出”往往是为了更好地“进入”。经验表明，对于创业创新，经常是“退出”比“进入”更重要，做起来也更困难。好的“退出”机制和“进入”机制一起，构成创业创新环境的重要构件。因此，这里的环境建设，在很大程度上就是讲“进入”和“退出”的机制，以及二者间的对接。

好的“退出”机制在很大程度上取决于“进入”机制。譬如，倘若创业的“进入”是由风险资本支持的，那么，它们的成果转化率，亦即产业化率就会比较高。硅谷和硅溪的经验表明，对于研发新技术的创业，风险资本的投资及其强度从根本上决定了创业是否成功。2008年，以色列的人均风险资本投资是美国的2.5倍，是欧洲国家的30余倍、中国的80倍、印度的350倍。与绝对数相比较，以色列这个只有700多万人口的国家，吸引了近20亿美元的风险资本，相当于英国6100万人口所吸引的风险资本或德国和法国合计1.45亿人口所引入的风险资本总额。这足以表明，以色列风险资本的充足和风险投资行业的发达，也决定了以色列新创公司的数量和质量。

在以色列，新创公司有很高的“周转率”，也就是说，新技术研发成功后迅速地产业化，或在技术市场转让，或新创公司被大公司兼并，创新团队被“连锅端”，抑或在创业板上市。世界顶级的科技公司几乎一半都有过收购以色列人创立或者正在营运的研发中心的经历，单是思科一家公司，就收购了9家以色列的公司。巴菲特曾以45亿美元买下了以色列的一家公司。除美国之外，以色列在纳斯达克上市的公司比全世界任何一个国家都多。由于新创公司都是在风险资本的投入下开始创业的，因此，风险资本投资的机制就决定了新创公司创新成果的“退出”机制或产业化机制。

与“环境”对应的“退出”是指政府的“退出”，也就是政府职能的重新定位。这是当下和未来一个时期，中国创业创新环境建设的“重头戏”。改革开放以来，政府“退出”表现为“三部曲”：第一部，退出政府创业。在计划经济时期，中国基本没有民间创业，都是国家创业，具体表现为政府创业，如政府建钢铁厂、纺织厂和化肥厂等，创造财富、安排就业。第二部，退出政府干预创业。在体制转型时期，政府对创业的作用主要表现在审批上，即民间的创业项目要经过政府审批，在许多行业创业都要经营许可。本届政府以来，大规模取消行政审批和许可、降低创业门槛，是一项深得民心的工作。第三部，政府营造创业环境。事实上，政府出于什么目的、用什么手段营造创业创新环境，也表现了不同的观念和体制性因素的影响。

在营造创业创新环境的问题上，政府需要做什么？对于基础研究的规划、组织和投入，需要政府介入这一点，一般不存在异议。关于知识产权保护问题，这首先是一个立法、司法的问题，政府还要加强必要的监管。除此之外，需政府做的好像并不多。以此反思，就会发现，我们政府确实管得太多了，应该适当“退出”。过去，政府做了不少产业化的组织工作，但得不偿失的比重很高。在产业化方面，政府进入应该有一个刚性的原则，即一旦有了营利模式，开始赢利，政府就要着手逐步“退出”。比如，政府不是不可以搞孵化器、投入风险资本，但是，一旦孵化器和风险资本赢利了，政府就应该退出。这是一条国际经验，也被许多实践证明有效。

特别需要强调的是，产业化的组织者是且只能是创业者、投资家和企业家。科学家的发现、工程师的发明，都是他们主导的产业化过程的投入要素。产业化的核心问题是连接供给和需求。如上所述，在当下，有效需求不足、供给能力过剩几成常态，需求亦更多地表现为潜在需求。因此，主要依靠需求导向的经济运行机制正在悄然发生变化，供给创新、供给创造需求往往成为解决问题的关键。这进一步表明，创新通常内在于创业活动之中，没有创新的创业是很难成功的。

非经济因素的影响和作用

无论在科创中心形成的实践中，还是在既往创业创新的研究中，我们都可以发现，非经济因素，如思想观念、文化氛围和精神力量，对科创中心、创业创新以及它们的生态系统建设有着重要的影响和作用。

对于创业创新，还存在着我们的思想观念跟不上时代要求的问题。举一个例子。在我们的就业统计中，创业属于自谋职业，还不是一个标准的职业选择，而在以色列或其他发达国家，进军高科技领域，成立一家新创公司，已经蔚为年轻人的一种时尚和追求，成为标准职业道路中的一个重要选择。尽管创业成功的概率在哪里都很低，但只要尝试过、努力过，失败也是值得的。从中不难发现精神力量的重要性。有效的创业创新生态系统一般都具有集群效应。集群的关键因素：一方面是以创新为根基的创业公司和专注于新技术研发的风险资本，另一方面还有更深层次的东西，如各种学科、领域之间的大胆融合；又如，良好的合作意识和团队精神；再如，既相对独立又紧密联系的发展目标和共识。这些东西形成了创业创新的文化氛围。

经济学意义上的创新自提出之日起，就是和企业家精神画等号的。企业家精神具有主体意义，因此在创造财富和就业的过程中具有决定性和根本性作用。具有全球影响力的科创中心、有活力的创业创新，首要的因素就是企业家精神。也许在不同的国家，受制于自然环境、社会环境、文化传统和现行体制等因素，企业家精神确实有强弱之分，但它是普遍存在的。通过改革和制度设计，使创业创新环境更加有利于创业者、企业家的试错，一方面会激励更多人愿意出来试错；另一方面，也会提高他们试错为"对"的概率。由此，将壮大创业者和企业家的队伍，提高就业增长、经济增长，促进发展和社会全面进步。

有人说，没有必要把创业者看得那么高尚，他们是冲着利益去的。不可否认，人们的任何经济活动都与利益有关，创业者有利益动机是理所当然的。但在创业者试错的过程中，利益往往很骨感、很缥缈，倒是精神的执着和坚定，是实实在在的。精神有天赋的因素，如风险偏好、崇尚自由等；也有后天环境的倒逼，如资源稀缺、环境恶劣（这一点在以色列尤为凸显）。这些天赋和倒逼往往在精神强大的创业者、企业家身上得以彰显。也就是说，精神变物质，精神反作用于物质，乃至精神决定物质，是需要条件的。在几乎每一个成功的创业案例里，都毫无例外地看到创业者、企业家的坚忍和坚持，他们曾有无数放弃的理由，却始终都没有选择放弃。

成功创业对创业者特质的要求是多元的，如风险偏好、领导才能和性格坚强；而且，现今时代创业项目的复杂性大幅度提高。因此与个人创业相比，团队创业成为更加普遍的创业形式。然而，团队创业看似可能会提高创业的成功率，实际效果却不尽然。这是因为，团队创业有一个成员间合作的难题，尤其是在创业小有斩获时，成员间发生分歧的可能性大大增加，由此就会影响到项目的推进和成功。所以，对团队创业而言，团队精神尤其是团队主要成员的团队精神，就成为创业能否成功的决定性因素之一。

从文化角度研究经济增长，不能说是一个热门，但已经有一些经济学者涉足。其中一个角度就是企业家精神对经济增长的作用。企业家精神与文化，尤其是与宗教的关系，是这一课题的切入点之一，受到研究者的关注。马克斯·韦伯是这个领域的开创者。在现代资本主义的兴起中，资本主义精神起了什么作用，其源泉又在哪里，是韦伯关注的焦点。

国际公认的韦伯研究专家斯蒂芬·卡尔伯格为《新教伦理与资本主义精神》写了一篇“导读”。在这篇“导读”中，卡尔伯格就韦伯关于现代资本主义兴起、现代资本主义精神起源的思想做了一个梳理。他写道：“尽管《新教伦理与资本主义精神》经常被理解为对现代资本主义的兴起，甚至对我们今天世俗的、都市的和工业的世界的起源提供了说明，但其目的实际上远比这更为谦虚。韦伯希望阐明现代工作伦理和物质成就取向的一个重要来源——他称之为‘资本主义精神’，是存在于‘入世’的功利关切和商业精明之外的领域中的……韦伯坚称，任何关于资本主义精神起源的讨论必须承认这一核心的宗教源泉。”这里，我们要特别注意“更为谦虚”和“之外的领域”这两个提法，从中可以发现，韦伯所称的“资本主义精神”（即现代资本主义精神。在韦伯那里，资本主义和现代资本主义是有原则性区别的）其实就是职业精神，包括企业家精神、创业创新精神，产生的是激励的作用；他所要承认的“宗教源泉”的背后就是新教伦理，就是清教徒的禁欲主义，产生的是约束的作用。

韦伯使用排除法，试图证明新教伦理在现代资本主义起源中的决定性作用。通过比较案例的考察，他坚信，资本主义精神具有非常重要的非经济的和非政治的根源，亦即文化的根源。这一结论并没有错，但新教伦理是否是唯一的源泉就另当别论了。尤其是职业精神的传播，并成为职业群体普遍的行为操守，肯定是不能由新教伦理作为唯一解释的。但是，从某种意义上说，现代资本主义就是一个创业创新的过程，韦伯的思想恰好从一个侧面印证了精神力量对于创业创新的成功，经常是具有决定性意义的。

人工智能，一个形而上的命题

□ 蒋　炜/上海交通大学安泰经济与管理学院运营管理系教授

近年来，人工智能已经取得了巨大的进步，其发展可谓“方兴未艾”。人工智能越来越受瞩目，并且引发了人们对于未来人工智能会颠覆人类以及所有产业链的假设，甚至有未来人类会彻底被机器取代的疑虑。

笔者认为人类和计算机之间的关系，是形而上的。这并不是技术性的问题，就如同问“人之初是性本善还是性本恶”的问题，而这是没有确定答案的。从总体趋势来看，近十年间技术进步的速度远远超出了我们的想象。因为基于大数据的一些创新，包括算法、深度学习（Deep Learning）等发生了很大的变化。从十几年前，人们谈论“神经网络”时的无进展，到突然之间的兴起。其实际是基于对最初“神经网络”的深入研究，即在算法上的一些创新，但基本框架并没有变化。

对于世界排名第一的卡斯帕罗夫在和IBM公司的国际象棋电脑“深蓝”的对决中输掉两局一事，很多人认为这是人工智能的缘故。实际上深蓝是早期运用AI和神经网络的电脑，它完全通过遍历所有已知路径来获得最优的计算方法。所以从某种角度来讲，它其实不算人工智能，只不过是借助计算机设备本身计算速度快、存储量大的优势，在有限时间内遍历已知路径来找到最可能制胜的棋招。围棋或者国际象棋都属于确定性的问题，不属于随机性问题。因此所有信息都是已知的，而过往人类在一类博弈游戏中的行为路径信息也都是公开的。在公开信息的情况下，唯一的不确定性就是人类下一步棋会走什么以往棋谱里没有的招数，但其实眼前只有几个空可以走。所以计算机就可以迅速计算出你可能的路径，以及确定应对策略。计算机通过把所有“下一步”的可能性组合计算出来，并在这些组合中寻找最佳的执行方案，而这些都是基于计算机存储中现有的棋谱。但计算机做不到遍历所有的可能性。因为人类大脑有一千亿个神经原，有5000个连接，每个连接触发每秒钟两次的简单计算。人类大脑的计算能力是10的17次方。从技术角度分析，现有的计算机不可能遍历所有可能性，所以如果出现了过去棋谱中没有出现过的博弈，计算机就会卡壳。因此要战胜计算机就必须尽可能出奇招。一旦出现奇招，计算机在已知的棋谱中找不到历史数据，它就只能做出猜测性的应对。从其中，我们不难看出大数据的重要性。

目前大数据的应用非常广泛，亦被应用在工业生产方面。工业生产相当规范化，即必须要按照固定的工艺流程，参考一系列质量体系和指标来进行生产，才能满足产品的要求。在传统的工业生产过程中，人们会收集很多数据，比如生产过程中的压力、各种传感器端的数据等等。生产线一般事先设计安装好，在大批量生产之前试运行，然后开始正式生产。整个生产线会涉及很多数据，在今天的工业4.0时代，大数据的运用可以帮助我们更好地控制整个流程和保证质量标准。未来大数据在工业生产中的运用发展会越来越快，技术也会越来越成熟。

借助于大数据对红酒生产过程中有关过滤时的压力、温度、酸甜的程度等变量进行控制，可以生产出更高质量的红酒。除此之外，大数据也被广泛应用于服务业，如电商类，其在和客户接触中也会产生很多数据。但相较于工业生产类的数据，这些数据有一个特点，即规范化和标准化程度较低。工业生产类的数据会要求流程标准化，否则会出现次品较多的情况。但服务业有很多随机性，在服务行为开始之前数据是不能被预估的。比如在电商网站上，商户可能想预估一下客户上网时会花多少时间看网页。然而电商不可能要求客户只能花5分钟浏览网页，否则就关闭页面。所以只能事后分析各类人群的客户浏览网页花费的时间，然后通过这些特点，加上其他数据来一起分析。比如，从客户性质来分析，母亲和未婚女性在花费时间上的差异。

大数据的应用在金融行业更为广泛。因为相关信用数据很难获取，数据质量也很难控制。所以金融行业首先需要解决的问题是，如何更好地收集到有效的信息，否则计算机是很难发挥作用的。其次才是在思考产品设计方面，如何最优化风险。目前谷歌是搜集到数据最多的公司，国内除了BAT外很难有公司可以企及。平安曾经透露，现在对他们来说的一个难题就是，银行可以查阅到的央行公开征信数据差不多有3亿左右，还有10亿是没有信用记录的。如果说可以通过人的上网浏览网页行为来判断信用记录，那么针对那些网络行为较少的人，又该如何贴上信用标签呢？自建完善的信用体系很难做到。互联网金融行业的核心竞争力在于信用评估体系，但是行业本身的欺诈和跑路现象又很严重。即使像平安这样的巨头，也非常忧虑借款人申请借款的信息不真实。如果互联网金融公司能获取更好的、更高质量的有效数据，使信息覆盖面越来越广，那么这种公司未来肯定是越来越有竞争力的。

但现阶段，通过大数据挖掘消费行为的规律，并且及时、准确地帮助企业带来可以付诸于行动的决策，仍然是非常具有挑战的命题。以1号店和京东为例，如何通过大数据让后台系统来控制库存、店面设计、消费者购物流程等；如何通过分析各类消费者要购买的商品以及商品的款式需求量，来调整仓储备货情况等。这些数据不单单与消费者当下购买商品的行为相关，电商还可以关注更提前的数据：比如从POS机抓取到的购买记录数据，比如从浏览记录来确定客户的购买意向和购买习惯。随着数据量的增大和精准度的提高以及数据时间跨度的增长，来帮助电商更为细致地分析数据，尽可能降低库存水平，并助其调整价值策略、产品定价、店面设计等等。大数据将为未来服务过程的个性化带来极大的可能性。

人工智能也颠覆了很多方面。比如在动画设计方面，机器的效率比人工要高，且画得更好。因此每个人都需要思考，职业生涯规划是否能保证自己所从事的工作在未来至少二十年内无法被计算机替代。跟数据处理相关的工作很容易被机器替代，比如互联网端的广告自动投放。目前自动化交易处于非常微观的层面，现在大部分还只是在互联网端选择广告投放的位置。未来数据分析可能涉及到跨平台的广告投放，比如分析哪个平台效益最大，以及某些平台的受众是否和目标客户匹配。这对我们每个人都是一种冲击，也是一个很值得讨论的命题。比如教师行业能否被替代？现在有很多慕课教育平台。慕课平台使得老师可以把自己的思想传播给更多人，成本也比较低。像这样的老师可能会面临着挑战，也值得我们深思：未来授课的形式是否还会依然小班制教学？教师这个职业是否会被人工智能所替代？

无论未来我们要面对多少不可预知的挑战，有一点是可以肯定的，那就是我们要把自己培养成为时时刻刻都准备学习的人。

新能源汽车共享与运营的创新性探究

□ 荣　鹰/上海交通大学安泰经济与管理学院运营管理系副教授

我国经济的快速发展给百姓带来丰富的物质生活的同时，也对自然环境造成了一定的影响，各大城市人们的物质生活水平和空气质量就是佐证。当百姓的关注点由温饱转向品质的时候，环境问题就显得尤为突出。纵然矛盾始终贯穿着社会发展的各个阶段，也总会有解决的办法。针对恶劣空气质量的对策层出不穷，新能源汽车便是呼声最高的对策之一。中央、地方政府、汽车企业等等，都对新能源汽车寄予厚望，大力推进。然而，市场的反应却略显冷淡。

截至2015年底，我国新能源汽车保有量为447183辆，离原定目标50万辆还有一定差距。对于新能源汽车，消费者为何不买账？主要有几点原因：一是购置成本较高，在同等空间和动力的情况下，新能源汽车的购置成本约为燃油车的2倍，即使扣除了各种补贴，其购置成本与燃油车基本相当，但因补

* 原文发表于2016年9月20日《界面》。

贴并不具有持续性，所以在购置成本上并没有优势；二是充电便利性问题，目前，新能源汽车充电时间长、充电设施缺乏制约了其便利性，导致用户体验差；三是保值问题，新能源汽车还属于新兴事物，没有建立有效的二手市场，导致二手新能源汽车估值不明。这些因素都是消费者在购买新能源汽车时的疑虑。

但是，新能源汽车的另一块市场——分时租赁，却十分红火。它是当下如火如荼的新商业模式“共享经济”的一个具体运作形式。据估计，在整个共享经济市场中，出行，即汽车共享，约占一半。汽车共享之所以如此红火，原因在于它既满足了资本的逐利性，又满足了消费者的需求。它可以提高出行的便利性，尤其是在我国打车难的大背景下；还能提高汽车的利用率，已有数据表明，普通私家车的利用率只有5%-8%，基本处于闲置状态，不仅导致大量宝贵资源未能发挥作用，而且占用了大量的城市用地。通过汽车共享，能够将户均汽车保有量降低0.23，汽车利用率调高40%-60%，并且单位燃料的行驶里程MPG可由23mpg提高至33mpg。分时租赁，与传统租车最主要的区别在于，它无需门店借门店还，也不是按天计价，而是A点借X点还，按分钟和里程计价。借车点、还车点也许距离你只有5分钟的路程，而全程只需要一款APP。

为何并不招消费者“待见”的新能源汽车，却在汽车租赁行业火了起来？这是因为，从消费者的角度，它弥补了一定的出行需求的同时更加绿色环保，很契合当下新潮的生活理念；而且它把新能源汽车对于消费者而言的缺点全部转移给了分时租赁运营商，消费者可以省去一笔购置成本；而每当有出行需求时，消费者无需担心充电问题就可以使用动力十足的新能源车。至于后期保值，同样有运营商来操心。从新能源汽车生产商方面看，由于目前消费者对新能源汽车还存有疑虑，对电动汽车缺乏理解，所以需要借助新能源汽车分时租赁，让消费者更多地体验纯电动汽车，形成消费的示范效应。

但是对于链条上的关键一环——分时租赁运营商而言，一切并没有看上去那么完美，虽然新能源汽车分时租赁前景可观，但是其现阶段盈利难却也是不争的事实。分时租赁运营商能否实现持续盈利，关系到这一行业的生死存亡，也关系到现阶段新能源汽车的推广及发展。

那么对于新能源汽车分时租赁这样一个新兴行业，企业如何在历史数据积累不足的现状下，利用“小数据”优化自身的运营管理，提高运营效率，降低运营成本，既能为顾客提供方便、低价的出行，又能实现企业盈利与快速成长呢?

下面我和来自新加坡国立大学的何龙教授、牛津大学的Ho-Yin Mak教授以及加州大学伯克利分校的申作军教授将通过一家新能源汽车分时租赁企业的实际运营数据来对这些问题做出解答。

共享经济先行者Car2Go，一家由戴姆勒股份公司控股的新能源汽车租赁公司，提供“单程、自由流动式”的分时租赁汽车共享服务，打破了传统租车企业按天计费和在门店租车、还车的运营模式，目前已在全球9个国家投运近1.5万辆。该公司于2011年在美国圣地亚哥市上线的汽车共享服务全部由纯电动车队提供，首次实现了汽车共享与新能源汽车的结合。

在这次跨越式的探索中，Car2go也遇到了一些问题。这些问题对于中国目前的新能源汽车共享市场又有什么启示?我们用它在圣地亚哥的实际运营数据来解答。

Car2go的“单程、自由流动式”租赁模式颠覆了传统租车模式，这种模式允许客户使用后不必将车子返还起始点，也不必将车子停到指定车位，只需停靠在其划定的运营区域内的正规停车位即可。相对于传统的A点租车A点还，这种模式不仅提高了顾客用车的便利性，也大大地提高了潜在顾客的覆盖范围。但是，能否在满足顾客需求的前提下实现有效率的运营，还能让公司有利可图，它需要解决的首要问题就是如何划定运营区域。

研究过程与发现

如何划定运营区域是一个复杂的过程，要考虑不同区域的人口学特征和交通基础设施条件等等的问题，而区域客户的出行模式等数据更是运营区域设计的重中之重。不幸的是，虽然现在大数据热火朝天，但是并不是各个方面都有大数据，居民出行模式就属于典型的只有小数据的案例。原因有二，一是这些数据多为个人隐私（对私家车出行客户来说）；二是汽车共享还是新兴行业，其历史数据的收集还不够完善。如果说整个服务区域设计是一顿饭，那么客户出行模式的数据无疑就是用来煮这顿饭的米。那么如何完成这顿少米之炊？如何依据小数据得到更优的解决方案？我们提出了一个针对小数据环境下“单程、自由流动式”新能源汽车共享的服务区域设计模型，通过Car2go在圣地亚哥市一个月的运营数据，对其运营区域进行了优化。Car2go也根据我们的分析结果对其运营区域进行了重新规划。在对数据分析的过程中，除了对运营区域进行设计外，我们还观察到了其他有趣的现象。

首先，我们发现，新能源汽车的共享确实能实现更高的环保作用。每辆在共享模式下的新能源汽车的二氧化碳排放量是相同私有新能源汽车排放量的0.27，也就是说，如果一辆新能源汽车通过共享模式来运营，它的环保效率比私有模式下提高了近4倍，因为其利用率提高了。说明新能源汽车共享模式比新能源汽车私人拥有更加环保。

其次，新能源汽车充电时间的长短、充电设施的便利性都直接影响了其用户体验。充电时间长短是技术性问题，从特斯拉超级充电站的半小时冲一半到家用普通电线充40-50个小时不等。在保持车队数量不变的前提下，采用快速充电设备能扩大企业的运营区域并提高运营效率。但是，快速充电设备成本较高且不易安装，经常使用对于电池的损耗也很大。而采用较低速度的充电设备又会导致充电时间过长，当充电桩数量不足时，甚至会出现排队充电的现象，这无疑会降低车队的运营效率。那么，作为共享新兴能源汽车运营商，应该如何选取充电设备呢？通过我们的模型和实际数据分析，运营商应该选择中等充电速度的充电设备。对于Car2go而言，20kW的充电桩最为合适，而对于其他运营商来说，因路况、通畅程度及车型等等参数的不同而有所区别。

另外，共享汽车固然好，但是它不如私家车便利，随时随地都可以使用。对于客户而言，共享汽车的特性决定了其使用便捷性不能与私家车相比，也就意味着有些时候是约不到车子的。但是汽车共享的目的是为了减少私家车的保有量或者在途量，实现资源共享，改善出行体验，减少有害气体的排放。如果其便捷性与传统私家车相差太远，那么将会使大量潜在顾客继续选择使用私家车出行，也就违背了汽车共享的初衷。但是通过数据分析我们发现，如果设定较高的服务水平，那么运营商需要缩小其运营区域以增加车队密度，而其利润也会相应下降。所以对于运营商而言，如何设定合理的服务水平十分重要。

另外就是不同区域人口的保留效用水平的问题。如果Car2go提供的服务带给某一区域消费者的效用水平高于这一保留值，该区域内的消费者就会加入会员，否则，则不会加入。通过数据分析发现，保留效用越高，所需服务区域就越大，Car2go的相对盈利就越少。

现在，我们把目光转向国内。我国城市交通拥堵问题长期以来为市民所诟病，也是管理部门面对的一大难题，特别是一线城市如北上广深等。这些城市的交通还存在明显的潮汐现象。以北京为例，每天的早高峰时段人口逐渐由周边向五环以内区域聚拢，并停留至晚高峰，然后逐渐向五环外扩散。在这个过程中，大量的交通工具也随之聚集在五环以内，而且很多个人用车除了上下班通勤外，基本都停放在停车场，不仅给城市交通带来了巨大压力，而且还占用了大量的城市用地。而汽车共享却可以在一定程度上缓解这些问题。它不仅可以提高汽车的利用率，减少汽车保有量或者在途量，还可以减少城市泊车用地，对于Car2go而言，只要有非私人而且合法的停车位就可以停。Car2go每年每辆车需要给市政府一定费用来补偿市政府本来可以收取的停车费。

以Car2go重庆为例，他们的停车规则为：“即行car2go车辆可免费停放以下所有位置：运营区域内由政府相关停车管理部门控制，且有权管理的所有临时占道停车位（仅限路侧占道停车）。”从这个角度而言，最近兴起的魔拜单车学习了Car2go的方式。传统的汽车分享是基于固定站点。这就需要考虑每个点需要建多少停车位。但是在Car2go的模式中，不需要考虑这个决策变量。这种模式还提高城市用地效率。总之，新能源汽车租赁会使城市交通更加环保。

但是，新能源汽车与汽车共享的结合并非那么美满。2016年5月，Car2go就因圣地亚哥运营区域内的充电桩数量不足，无法满足车队的运营需求，将其全部的新能源汽车换回了传统的燃油车。

中国模式：运营战略再思考

2016年上半年，Car2go登陆亚洲，首站定于中国重庆，其运营车辆并没有选用新能源汽车，而是选择了传统燃油汽车。

但是我国本土的汽车分时租赁企业却纷纷采用新能源汽车作为其车队主力。目前，国内有好几家新能源汽车分时租赁企业，既有由传统租车企业转型而来的，如隶属于首汽集团的Gofun，目前已在北京市设有60个网点，300辆新能源汽车运营；有由汽车制造企业主导的，如北汽的GreenGo，目前已在全国4个城市运营近2400辆新能源车；有隶属于上汽的环球车享，目前主要在上海市运营近2000辆新能源汽车；还有来自于互联网行业的，如隶属于乐视的零派乐享，目前在北京市运营近200辆新能源汽车，以及互联网创业公司一度用车，目前主要在北京经营，有约300个网点，近三百辆新能源汽车。这些企业目前主要在北京和上海等拥有大量出行需求的城市运营。

这些企业同样面临着运营区域设计的问题，给定有限的“小数据”，如何做到最优，是每个分时租赁企业都必须思考的。而且，我国城市的基本情况与其他国家有较大区别，人口密度大，人均汽车保有量低，空气污染严重，交通拥堵，等等，如何在中国有效地开展电动汽车分享，仍然是一个值得探索的话题。

我个人认为，在中国电动汽车分享应该以小型车为主，以减少充电时间。在发展伊始，不能全面开花，而是要选择城市中的重点区域，把车辆覆盖密度增加上去。这样可以保证起始用户的服务水平。同时将电动汽车分享和城市公共交通有效结合起来也可以帮助扩展用户群。另外，可以将电动汽车分享与其他目前流行的共享交通概念（比如拼车）结合起来，在保持用户使用便利性的同时进一步提高交通效率。

大数据时代，也有小数据困境，如何把有限的资源运用到极致，这是每个企业家，也是众多研究者需要思考和着力解决的难题。

要“微创新”，还是“大创新”

□ 路　琳/上海交通大学安泰经济与管理学院组织管理系副教授

“大众创业，万众创新”是我国政府针对新形势下如何保持优势，推动经济继续前行提出的方针。但是，反观我国企业的创新现状，与发达国家相比，我们现阶段的创新多属于继承性、改进性创新，而原创性、突破性创新严重匮乏。长期以来，在“制造业大国”的头衔下，我们以不断破坏环境、压低劳动力为代价，以代工生产或追随模仿的“山寨”模式，换来失衡的产业结构、尴尬的国际市场竞争地位，以及自相残杀的价格倾轧。因此，如何才能打造出像“苹果”“3M”“SAP”一样以创新领先的国际著名企业及品牌，凭借革命性、突破式的产品和技术创新主导行业方向，就成了我国管理研究与实践领域共同关心的问题。

在寻求答案的过程中，“组织双元论”为我们提供了有益的参考。双元性

---

* 原文发表于2016年9月13日《东方早报》上海经济评论B14版。

（Ambidexterity）一词原指人类左右手并用、具有同等灵巧度的能力。管理领域的学者将双元论引入创新研究，借用这一概念比喻企业内部探索性活动与开发性活动共存的情况，并据此将企业创新区分为“探索性创新”和“开发性创新”。前者指以全新能力推翻事物原有的规律，对原有事物进行彻底改变，也叫革命性创新、突破式创新；后者指开发利用现有技术和能力，凭借已经存在的状态为基础，对现存的功能和用途进行完善和修饰，又称渐进性创新、挖掘性创新。

面对企业内部管理效率和外部市场适应能力的双重要求，双元论提出，探索性创新和开发性创新对企业都具有不可或缺的重要作用，良好的企业绩效需要探索性活动和开发性活动并存。在我国，两种创新的发展极不平衡：一方面，越来越激烈的市场竞争促使企业之间快速复制已有技术和所谓成功经验，以直接“拷贝”或者“微创新”带来的快速、短期优势一争上下；另一方面，残酷的同行，甚至异业竞争，使得企业越来越缺乏耐心等待“大创新”，失去了宽容失败风险、接受失败的能力。其结果就是，探索性的大创新越来越稀少，开发性的微创新不断得到肯定和鼓励。长此以往，可以预见，“微创新”将一统天下，“大创新”则日趋消亡。

从企业的发展来看，微创新也许能带来短期的快速收益；长期来看，则埋下了忧患的种子。对于“微创新”乐此不疲的企业将在“大创新”到来之际，措手不及地遭受灭顶之灾，而这种灾难有时甚至会波及整个行业。这一规律，从石英钟取代齿轮机械钟表，到数码影像代替传统胶片，不断地得到验证。数码相机初露端倪之时，在传统胶片行业纵横一时的柯达却受限于自己在胶片技术上的辉煌历史，继续将高额资金投入到胶片技术的改进中，执念于“微创新”。但数码技术是影像技术应用领域的“大创新”，“大创新”一旦到来，会给整个行业带来翻天覆地的变化，此时，“微创新”就会显得苍白无力，无法力挽狂澜。而柯达，由于受到持续“微创新”的羁绊，忽视“大创新”，最终走上了破产的道路。

根据组织双元创新的结构化视角，“大创新”和“微创新”所需资源不同，形成过程存在差异，因此，若想在同一企业中实现两种并存，将会面临巨大困难。同理，由于探索行为和开发行为对创造者的认知能力、激励因素等要求不同，同一员工很难同时兼具探索性创造力和开发性创造力。

1945年德国心理学家邓克尔（Duncker）开发了著名的“蜡烛实验”，这个实验的挑战是：如何将一根点燃的蜡烛固定在墙壁上，同时，不能让蜡油滴到地面。邓克尔和同事们通过小组任务的形式组织被试人群参加这个实验，他们给被试团队提供的道具只有一盒图钉和一盒火柴。很多人在多次尝试后找到了答案，那就是把图钉从盒子里倒出来，再用图钉把装图钉的盒子钉在墙上，然后在盒子里放上蜡烛，点燃后蜡油会滴在盒子里。这个挑战其实有点像今天流行的“脑筋急转弯”，若非之前做过，第一时间就能找到正确方法的人其实不多，因为找到答案，需要人们运用突破性的创新思维。

而实验中作为对比的小组任务要简单得多，在提供道具时，图钉、盒子已经被分开，一个空盒子呈现在人们面前。这样的话，要找到答案，只需要开发式思维，运用人们日常的经验就可以达到目标。最有趣的是，在这个实验的一个拓展形式中，实验人员希望知道，当存在绩效压力和竞争的情况下，结果有何不同。于是，实验开始时，实验人员告诉一些小组，能最快速找到有效解决方法的小组可以获得奖金——竞争开始了，绩效变得非常重要。实验的结果表明，有奖金的小组，在需要突破性创新思维的任务中，明显比没有奖金的小组慢。而在开发式思维就可以解决问题的小组当中，有奖金的小组则比没有奖金的小组快。

蜡烛实验清晰地告诉我们：绩效压力和相应的绩效奖金体系可以有效地带来创新，但仅限于开发式的“微创新”。对于能够颠覆一个行业的“大创新”而言，绩效奖金事实上阻碍了人们的探索性思维。但是，是否所有的绩效管理和相应的激励都对创新不利呢？研究创新的著名学者Amabile 曾经从概念上区别了组织施加给员工的外在激励，她认为，对于组织给予员工的报酬、认可和发展性绩效反馈，如果从信息或是工作参与度上都有利于员工提高绩效，那么将有利于创新；反之，如果这些做法仅仅是限制员工的工作行为和方法，将不利于创新。

此外，创新研究普遍认为，自主感是促成员工创新行为的重要因素，从组织、团队层面释放给员工的自主感：一方面，能够激发员工内在的自我效能感；另一方面，经过组织授权，自主行事的过程还可以充分调动员工的创造热情和潜力。团队层面的研究也显示，实现了自我管理和充分授权的团队，将在创新结果上呈现出不凡的业绩。其中，尤其对于探索性创新，由于实现大创新需要突破原有的界限，需要承担更大的创新风险，因此充分的自主感更是实现探索性创新的重要保障机制。众所周知的Google给员工提供了优越的工作环境，成为业界佳话，其中一条举措就是将工作时间的20%留给员工从事自己喜欢做的事。表面看来，公司是在为员工的自由时间支付薪水，事实上，对于需要创意的工作任务，宽松的工作时间和充分的自主感，为这些精英员工提供了发挥创造力的机会，他们迸发出来的创新作品，为公司创造了更高的价值。

探索性创新和开发性创新的区分不仅仅为我们看待创新成果提供了新视角，也为创新过程带来新思维。例如，有学者采用双元论观点考察企业间知识共享的过程，将共享的知识分为探索性和开发性：前者指长期共存的企业之间以长期回报，以共存亡为目的而进行的带有一定风险的知识交换活动；后者则指以短期回报，以局部受益为目的的回避风险的知识交换。也有组织学习研究提出探索性学习和开发性学习：前者以获取新知识、开发新做法为特征；后者以整合现有知识，提升现有流程为主。

在管理实践中，从科学管理学派流传而来的绩效管理和激励方法一直长盛不衰，一方面，绩效激励背后的经济交换关系在现代企业管理中依然扮演重要的角色；另一方面，有效的绩效管理制度和流程能够保证员工行为与组织战略的高度一致。我们将这些主要依靠组织内部的管理政策和流程对员工行为所形成的影响归并为“人事控制”。与这些外在的显性化组织控制方法相比，组织文化因素通过社会化进程更为间接地操控了员工的行为。例如，高度的组织文化影响可能会增加人们对工作的投入和风险行为，行为科学研究将这一类政策和影响归为“认知控制”。

从员工感受的角度看，以上两类因素所体现的都是组织控制的一面。组织控制与双元创新的关系似乎存在悖论，非常值得深入探讨。一方面，某些严格的组织控制（如过度绩效评估）将减弱员工的自主感，可能降低创新；另一方面，由于绩效任务的压力，员工的创新潜力可能被激发，为达成任务指标开发新型工作方法和途径。而认知控制亦是如此，认知控制带来的工作投入无疑提高了工作的绩效，但是过度的认知控制可能会约束员工标新立异的动力。此外，许多现代企业已经把创新目标包含在员工的工作内容之内，这使得组织控制与员工创新的关系更加复杂化。而企业为了能够调动员工的创新积极性，需要更为深入地理解自身产品特点、确立恰当的市场战略，在此指导下，从双元创新的角度达成最佳创新平衡，让“大创新”和“微创新”并驾齐驱，为企业的短期、长期竞争力奠定坚实基础。

过去三十年，我国企业经历了快速成长的时期，改革开放为企业发展带来了巨大的机会，同时，也带来了激烈的市场竞争。成长期的企业或许还可以依赖“微创新”带来的快速回报取得成长，积蓄经验。然而，随着成熟期的到来，中国企业必须依靠“大创新”作为支撑，才能再次腾飞。

他们经过系统创业训练，为何最终选择传统就业方式

□ 董正英/上海交通大学安泰经济与管理学院创新与战略系副教授

近些年，在国家“双创”政策的激励下，青年学子们的创业热情不断高涨，成为创业者群体中的一个新生力量。数据显示，2014年毕业的大学生中，毕业后五年内创业的有40.2万人，比2013年增加9.8万人，涨幅32.1%。

创业企业和创业行为是经济社会发展重要的推动引擎。根据美国NFIB的数据，小型创新企业的人均专利数是大企业的13倍多，在最常引用的那1%的专利中，小企业的引用数是大企业的2倍，20世纪最重要的65项创新产品绝大多数为创业企业首创或最终完成。在美国，小企业创造了2/3的新增工作岗位；在欧洲，80%的新增工作岗位为创业企业或成长后的创业企业所提供。据估测，中国的情况也大致如此。

---

* 原文发表于2016年7月25日《上海观察》。

大学生为什么热衷于创业？除了社会大环境的鼓励外，还包括以下原因：大学生富有创造力，能深刻理解青春时尚市场的吸引力；他们有能力找到其他学生作为低成本的劳动力；他们拥有在大学期间得到资源的途径；他们对现实有直觉认识，即便失败，也很容易重新开始追求其他冒险或传统的职业生涯。此外，如果学生的创业是基于大学的创新成果，并在商业计划大赛中有竞争力，就会比其他初创企业有更低的风险。

然而，一个重要的问题也开始显现：多数大学生创业企业都仅仅是昙花一现，只开花不结果。为什么？

创业要赚钱，但不能仅仅为了赚钱

现在，国内创业教育面临的一个尴尬挑战是，经过系统创业训练的学员，纷纷放弃最终的创业理想，而选择了传统的就业方式。据了解，某校一个年级的创业专业的学生，毕业后全部选择到外企工作。这就对创业教育者提出了一个必须面对的问题：创业的激情为什么消失？什么是创业的可持续动力？

创业的持续动力来自于做有意义的事，而不是把创业看作一个赚取金钱的捷径。追求金钱或财务上的回报经常是人们创建企业的一个最初原因。然而，这种动机与做有意义的事相比却是不可持续的，因为它常常不能达到所宣称的那种目的。平均来看，与传统职业中承担同样责任量的人相比，创业者并没有赚到更多的金钱。创业的财务诱惑来自于它未来的上升潜力，而非短期的回报。像学生时代开始创业的戴尔公司的迈克尔·戴尔、雅虎的杨致远、谷歌的拉里·佩奇和谢尔盖·布林等人，他们从创建企业中获得了数以亿计的美元。但这些人坚持认为，金钱并非他们的主要动机。网景公司的创建者马克·安德森说："（金钱）不是激励因素，只是我获得成功的指标。"

做有意义的事——改变世界——尝试着改善人们的生活品质、解决用户的重要问题、阻止美好事物的消失，造就了创业者坚韧不拔的品质，成为了创业的可持续动力。

1975年，苹果公司的创业团队第一次参观施乐公司的"图形用户

（GUI）”技术展示，以“改变世界”为使命的苹果团队立刻意识到这一神奇的技术如果应用在个人计算机上，将可以极大地简化计算机的使用，提高用户的生活品质。为此他们围绕改善用户的生活品质这一核心客户价值，开展了近十年的艰苦研发。1984年世界上第一台图形用户界面计算机麦金托什诞生了，极大地促进了计算机在世界的普及，真正实现了“做有意义的事”的创业理想。

艾罗伯特公司（iRobot）拥有类似的故事，它是畅销的罗姆巴智能吸尘器（Roomba）的制造商。他们最初的设想是要开发一种带有温度传感器的无线按摩设备，却由于造价昂贵而放弃了。接下来的十年，公司推出许多消费机器人产品，但仅仅获得了有限的成功。20世纪90年代后期，公司越来越难以打开消费者市场，发展举步维艰。直到2001年，公司才开发出令其名闻遐迩的真空吸尘器机器人。在进入市场前，罗姆巴智能吸尘器经过20多次反复修改，靠着坚持不懈的努力才得以上市，并获得了市场成功。2005年公司已在纳斯达克上市。

这两个故事告诉我们：当创业者以追求做有意义的事而不是以追求金钱为动机时，才能不怕失败、坚韧不拔地获得持续动力，并最终获得成功！

变不可能为可能，把问题当作机会

把看似不可能的东西变为可能，是创业的内涵和精髓所在。谷歌创始人拉里·佩奇把他的成功创业归因为“对于那些不可能的事，要抱持一种健康的藐视态度”，即大学生创业者应尝试解决那些多数人认为不可能做到，但通过自己的创造力和辛勤付出却有可能实现的事。拉里·佩奇本人就成功地实践了这一理念。

谷歌的创业，始于拉里·佩奇攻读博士期间的一个疯狂想法：用一周的时间把所有互联网网页下载到他的电脑里。结果他花费了一年的时间也只完成了其中的一部分。但是乐观、自信的佩奇没有放弃这一看似愚蠢的念头，在布林的参与下，两个年轻人经过艰苦的努力，终于解决了关键的技术难题。五年后谷歌诞生时，它的搜索蜘蛛已经可以做到每天访问全部互联网独立页面的10%-15%，2010年谷歌索引的独立页面已经突破万亿。

变不可能为可能，创业者除了需要具备乐观、自信和勇于承担风险的品质外，还需要掌握挑战不可能的基本技能。

首先，要掌握在模糊与不确定中识别机会的能力。有价值的创业机会在早期会发出极其微弱的信号，而其往往被人们所忽视。成功地捕捉这些信号，需要创业者保持开放的心态，并积极投入到创新实践中去。开放的心态，要求在面对任何机会时，抑制你的质疑精神，以开放的心态考虑利用它。留心你身边发生的一切——机会通常来自于外部环境的变化，变革会给各行各业带来良机。

大家都知道牛仔裤的发明人是美国的李维斯。当初他跟着一大批人去西部淘金，途中被一条大河拦住了去路，许多人感到愤怒，但李维斯却说“棒极了”！他设法租了一条船给想过河的人摆渡，结果赚了不少钱。不久摆渡的生意被人抢走了，李维斯又说“棒极了”！因为采矿出汗导致饮用水很紧张，于是别人采矿他卖水，又赚了不少钱。后来卖水的生意又被抢走了，李维斯又说“棒极了”，因为采矿时工人跪在地上，裤子的膝盖部分特别容易磨破，而矿区里却有许多被人抛弃的帆布帐篷，李维斯就把这些旧帐篷收集起来洗干净，做成裤子，销量大好，“牛仔裤”就这样诞生了。李维斯将问题当作机会，最终实现了致富梦想，得益于他有一种乐观、开放的积极心态。

其次，要善于利用科技的杠杆。创业机会意味着创业者发现了限制商业发展的重要问题，并通过变通的方式解决问题。这种变通的方式通常需要利用科技的力量，这一点很多青年创业者并没有真正意识到。很多创业者往往喜欢聚焦在解决一些细枝末节的小问题上，认为这样比较容易。而事实上，解决重要的问题和解决小的问题通常需要花费相同的时间和成本，而重要问题的解决往往会带来行业和企业的快速发展。

爱迪生的成功不在于发明灯泡而是创造了一个产业

创业者在发明创新和市场之间扮演着搭建桥梁的关键角色。发明家创造新事物，而创业者围绕创新聚集并整合所有必需的资源来满足用户的需求，以便将发明创新转化为可存活的企业。创业行为所要求的任务既可由个人也可由团队或组织完成，其共同的特征是创造力、驱动力和承担风险的意愿。在此过程中，围绕着客户的需求开展一系列技术、产品、工艺和商业模式等创新，通过提供完整的解决方案更好地满足客户的需求。

托马斯·爱迪生的传奇是一个绝佳案例。爱迪生不仅是一位发明家，也是伟大的创业家。他很早就认识到，要想取得商业方面的成功，仅有技术远远不够，所以他一直致力于发明可供商业开发的项目。

事实上，爱迪生并不是唯一一个发明灯泡的人，英国物理学家约瑟夫·威尔森·斯旺也发明了灯泡。1850年，斯旺研制真空碳丝白炽灯泡时，爱迪生才3岁。1879年，斯旺制造出实用灯泡并安装在家里时，爱迪生的电灯才刚刚试验成功。从技术上看，斯旺的灯泡更加优秀，于是爱迪生购买了斯旺的专利权，并将它们用于自己的灯泡生产中。爱迪生从一开始就追求系统解决方案，他不仅仅考虑技术方面的要求，还着手考虑玻璃罩、真空管、闭合和发光纤维等产品系统，并设计了新的商业模式：他的灯泡是专为电力公司使用而设计的。

系统性解决问题，正是创业者的特质。爱迪生筹措了资金，并获得了给灯泡用户接线的权力，使他的灯泡客户能享用到电，除此之外他还安排了分销系统。由此，爱迪生的白炽灯迅速在全球取得了压倒性的优势。可以这么说，科学家斯旺发明了一个产品，而爱迪生则创造了一个产业。

谷歌两位创业者的成功给了我们另一个有力的佐证。谷歌的两位共同创始人拉里·佩奇和谢尔盖·布林并不是搜索引擎技术的首创者，当第一个主要的搜索引擎AltaVista已经取得一定商业成功时，他们才刚刚在研究生阶段接触到搜索引擎技术。然而，针对客户当时使用搜索引擎时所遇到的垃圾信息排序问题，他们提出了创新的解决方案，即Page Ranking技术，还集聚了资金和团队资源，提出了创新的企业文化和基于点击付费的全新商业模式，全面地解决了客户的问题，真正改变了人们获取信息的方式，后来居上地创造了一个全新的产业。

某种程度而言，创业是创新的延续和最终价值实现的过程。创业是行动导向而非思想导向的过程，再好的创意不经过实践的检验也毫无价值。很多满怀创业激情的青年学生头脑中充满各种新奇的创意，但却没能将其变为现实，究其原因是缺少将创意转化为企业的能力。将创意发展为企业需要创业者掌握商业模式设计和集聚资源的能力。商业模式设计要求学生必须掌握企业如何竞争、使用资源、构建关系以及与顾客交互作用并创造价值的能力。集聚资源要求青年创业者掌握如何评估新创企业的财务需求与可行性、组建新创企业团队和获得融资的知识技能。笔者相信，有了这些能力，再加上一点好运气，成功指日可待。

创新的冲动和幸福感来自“流”体验

□ 张新安/上海交通大学安泰经济与管理学院管理科学系教授

“流”体验是一个心理学概念，已经被研究了几十年。如今学者发现，“流”体验不仅与人的生命体验相关，也与学习工作的状态，乃至我们的创新能力有很大的关系。

假如有一天，我们被限制在一个只有几平方米的小房间里，只有一张床和一个马桶，没有电视、图书、报纸，也没有朋友陪我们聊天，更没有手机和WiFi。如果我们要在里面待整整四年，那么我们有办法让自己保持一个积极健康的心情，甚至让自己开心幸福起来吗？也许很难。

二战期间，还是孩子的奇克森特米哈伊和家人朋友一起被关进了集中营。直到二战结束，才被释放出来。经过这四年，绝大多数人都死在了里面，已经

---

* 原文发表于2016年1月8日《文汇报》。

十多岁的奇克森特米哈伊发现，那些幸存者虽然因营养不良变得很瘦，但是他们的精神状态看起来却像是经历了长途旅行回来。

为什么同样的环境，只有一部分人活了下来？人们发现，活下来的人在集中营里有特别的“经历”。最有代表性的例子是：有一个人在集中营里“写”小说，他的小说里有一百多个人物，他花了两年多时间构思了复杂的情节，然后每天都投入地在大脑中过一遍小说，越做越熟练后，内心累积了非常健康的、类似行云流水的体验。这种体验使他感到自己非常有价值，从而生存了下来。奇克森特米哈伊发现这些生存下来的人都有类似的经历。

后来，奇克森特米哈伊去美国芝加哥大学读了心理学博士，并成为芝加哥大学的教授。他花了一生的时间研究一个概念——能够区分生存还是死亡的积极的内心体验，这种体验被定义为“流”体验。当我们全身心投入到一件做得得心应手的事情当中时，我们内心经历的类似于行云流水般的感觉就叫做“流”体验。

“流”体验的多少决定了我们的幸福感

早期，奇克森特米哈伊研究了音乐家、歌唱家、体育运动员等受过专业训练的人，问他们人生最幸福的时刻是何时，当时在做什么，内心感受是怎样的。一位作曲家称，自己最幸福的时刻是埋头工作的时候。因为，那时他常常会进入一种沉迷的状态，甚至都感觉不到自己身体的存在，感觉这些曲子不是自己写出来的，而是流出来的。这是作曲家进入工作“流”时内心的体会。

攀岩运动员说，他最幸福的时刻是在攀岩时。攀岩这件事需要他集中所有的注意力。因此，他刚开始攀爬时会感到大脑被切断了记忆，所有的注意力都集中在手上，他会感到整个世界都被遗忘了。这也是我们经历“流”体验时的感觉。

“流”体验对我们有重要的影响。当我们经历“流”体验的时候，所有的注意力都集中在手头的事情上，不会分心。而且，意识和行为会达到合二为一的境界，比如运动员在对抗性比赛中，要应付对手的挑战就很容易进入

“流”的状态，即全身心做一件自己得心应手的事情。一旦进入比赛“流”的状态，高水平运动员就很容易达到心神合一的地步，他们的眼睛、手和判断力合而为一。

当“流”体验发生时，人们会体验到很强的驾驭感——不是指挥其他人的驾驭感，而是对自己的身心有随心所欲的控制感，用这种控制可以应对挑战。

同时，当“流”体验发生的时候，会让人出现对时间的错觉。有些会让人有时间过得非常快的体验，还有一些则会让人感到时间过得非常慢。有一个花样滑冰的冠军在参加世界锦标赛时，要做一个高难度的转体动作，这个只有几秒钟的动作却让他感到自己足足花了几分钟才完成。

我们谈论“流”这个概念，其实和心理学的分支——幸福心理学有关。

有很多学者研究“幸福到底是什么，如何让人类更幸福”这个问题。经过二三十年研究后，对这个问题，心理学家得出了一个比较统一的答案——幸福纯粹是个人的主观感觉，这不取决于你拥有什么东西，也不取决于别人怎么评价你，而完全取决于你自己觉得幸不幸福。

如果幸福就是人类的主观体验，那么“流”体验则是人类体会到的幸福中最高质量、最高等级的幸福。著名的幸福金字塔模型显示，生活中有很多快乐，下层的快乐主要来自欲望得到满足。如果欲望可以很容易得到满足，人生当然比别人幸福一些。但是金字塔塔尖上的愉悦体验，则与欲望被满足无关，而是来自投入地做事情。

按照幸福金字塔的分类，“流”这种愉悦体验是人类幸福的最高形式，快乐为什么不如“流”有质量？因为快乐里的“快”字，意味着很快就会消失。比如，饿了吃美食，吃的时候很满足、很快乐，但是吃饱了就没了；新买一套房子，领朋友来参观，朋友称赞你的房子漂亮，满足了自己被尊重、被重视的需要，但是朋友走了，这种快乐的感觉就不见了。

但是“流”体验不一样，每次“流”体验都是一个行云流水般操控自由的身心来应对手头任务的过程。当任务结束之后，因为这段完美的经历，我们感觉和以前不一样了，感觉自己成长了，变得比以前更好了，而这个时候的自我价值就提升了。

那么，作为人类经历中最积极和幸福的感觉，它和我们拥有的外在资源，以及我们的地位和物质条件关系大不大呢？这就是金钱到底能不能买来幸福的问题，有无数的经济学家研究这个问题，也有一些让大家比较容易接受的答案——金钱能够买来幸福，但是金钱能够买来的幸福是有限的。按照幸福金字塔的结构，金钱能够买到一类的幸福，那就是快乐。但是，金钱买不来愉悦。

有钱人和没钱的人相比，欲望更容易得到满足；但是有钱没钱对愉悦的影响很小，有钱人所拥有的"流"体验未必比没钱的人多，这就能够解释为什么我们觉得有很多人应该很幸福才对，但实际上他们的幸福水平却远远没有我们想象的那么高。也有很多人，我们觉得他们简直不能再惨了，但是他们的幸福感却远远比我们想象的要强，因为人类经历的最积极、最幸福的体验不是用钱买到的，是通过其他途径达到的。

"流"体验影响的不仅是幸福，还有创新

日常生活中，"流"体验很多的时候与"流"体验较少时相比，会有什么差别呢？

首先，"流"体验会影响我们的身心健康。很多研究表明，当我们在生活或者工作当中频繁地经历"流"体验的时候，我们的生理健康和心理健康都可以得到改善。如果经常有"流"体验使我们有很强的自我价值感，就会使我们远离心理疾病，同时改善我们的生理指标，让我们远离一些和抵抗力、免疫力有关的疾病。

其次，"流"体验会改善我们的人际关系。因为人都有社会性，每个人和其他人打交道的方式在很大程度上和自我价值感有关。如果生活当中缺乏"流"体验，就会无法感受到自己的价值，往往导致自己对周围的人很挑剔，同样也被周围的人所挑剔，这就会导致人际关系的问题。如果一个人每天都有"流"体验，那么他就会对周围的人非常宽容，人际关系会受所经历的"流"体验的影响。

最重要的是，"流"体验会影响创造力。每个人的创造力都有差异。大家

都喜欢和有创造力的人交往。因为他们总是有很多你想不到的想法，他们就算开玩笑，都非常像玩笑，我们喜欢和这些人交往，是因为他们在生活工作中往往有大量的“流”体验。“流”体验要全身心做一件事情，当你全身心做一件事情的时候，你所有的注意力都在思考这件事情，这就导致你在这件事情上会有和别人不一样的想法。

“流”体验还可以改进我们的人生经历，让我们少犯一些人生错误。因为，当你投入到工作或者那些正确的事情中，并且获得“流”体验的时候，自然就不会在错误的人生道路上寻找“流”体验了。

心理学家的调查显示，90%的人认为活着是为了获得幸福，10%的人认为自己是为了其他事情，甚至为了挣钱而活着，但即便是为了挣钱，他们的终极目标也是为了幸福。

而“流”体验是人类经历的所有幸福体验中的最高等级，如果生活当中有大量的“流”体验，那么从某种意义上说，我们就已经达到了人生的终极目的，足见“流”体验的重要。

影响“流”体验的三大因素

主要有三大因素会影响“流”体验的多少。第一个因素是任务的特征。我们想要从一个任务上获得“流”体验的可能性和任务本身的特征有很大的关系，具有什么样特征的任务能够更容易让我们获得“流”体验呢?

让人们获得“流”体验的任务往往有明确的目标、清晰的流程和及时的反馈。如果任务满足这三个特征，就会让人有“流”的感觉。很多年轻人对网络游戏上瘾，就是因为网络游戏的设计都是按照这三个特征来进行的：明确的目标——打怪升级；清晰的流程——每次操作都有成效；及时的反馈——不断升级进入新关。

工作和学习也是如此。有的工作更适合这三个特征，能给人更多积极的体验，有的工作则和这三个特征差得比较远。

第二个因素则与每个人的自控力密切相关。“流”体验的定义就是全身心做一件事情，并且将这件事情做得得心应手，内心经历行云流水的体验。

但是，自控力的高低影响了每个人能否投入地做一件事。高自控力的人比低自控力的人更容易投入到手头的工作和学习中去，从而获得“流”的感觉。以现在流行的跑步运动为例，研究发现，那些不能坚持的人往往注意力比较难集中。他们在跑步时经常想别的事情，而且容易在跑步过程中受到身边各种现象的影响，这样跑步就变成了必须要忍受才能继续下去的一种任务。而那些坚持下来的人都有一个共性，他们开始跑时也会思考别的事，但是三四十分钟后注意力就完全集中在跑步上，产生一种类似“流”的感觉，跑步就不再是负担了。生活当中很多事情都是如此，对于那些本身不那么吸引人的任务，自控力就显得尤其重要。

影响“流”体验多少的第三个因素则是我们自身的技能水平。

把一件事情做到得心应手是“流”体验的条件，这就意味着我们要有高水平的技能，如果很不熟练，那产生“流”体验的可能性就很小。如果本身具备的技能还远远不足以应付挑战，那就绝不可能享受到“流”体验。

笔者曾经调查过为什么研究生写毕业论文时常常痛不欲生。最重要的原因就是他们没有掌握研究的方法和技能。要掌握研究的方法，通常需要一到两年全身心投入的训练。但是，有相当一部分研究生来读书时并没有意识到这一点的重要性，在求学阶段没有完成训练，对于要研究的问题根本无法驾驭，那自然也就无法享受到研究带来的快乐，无法享受到这种“流”体验了。